Jakob-Moneta-Stiftung (Hrsg.)
Welcher Widerstand gegen welchen Rassismus?

Neville E. Alexander, einer der führenden marxistischen Intellektuellen in Südafrika, 1936 in Cradock, Cape Province bzw. Eastern Cape, geboren, von Jugend an in der südafrikanischen Befreiungsbewegung aktiv, von 1964 bis 1974 wegen angeblicher Sabotage auf Robben Island inhaftiert, ab 1979 Direktor des Kapstädter Zentrums des »South African Council for Higher Education« (SACHED), seit 1991 Mitarbeiter des »Project for the Study of Alternative Education in South Africa« an der Pädagogischen Fakultät der »University of Cape Town«, 1983 Mitbegründer der »Cape Action League«, die sich 1990 mit anderen Gruppierungen zur »Workers' Organisation for Socialist Action« (WOSA) zusammenschloss, deren Vorsitzender er ist, veröffentlichte 2001 das nur auf deutsch vorliegende Buch *Südafrika – Der Weg von der Apartheid zur Demokratie,* gehört dem Vorstand der Jakob-Moneta-Stiftung an.

Peter-Anton von Arnim, Islam- und Literaturwissenschaftler, hielt sich länger im Sudan auf, lebt in Zernikow bei Gransee, Veröffentlichungen zu Goethes Verhältnis zum Islam und zur arabischen Welt.

Manuela Bojadzijev, lebt als Sozialwissenschaftlerin in Frankfurt a.M., war Gastredakteurin für den Themenschwerpunkt »Kämpfe der Migration« in der Zeitschrift *1999* (Nr. 1/2002), ist in der politisch-kulturellen MigrantInnengruppe »Kanak Attak« aktiv.

Ulla Jelpke, 1990 bis 2002 MdB und innenpolitische Sprecherin der PDS-Gruppe bzw. Sprecherin der Arbeitsgruppe Innen- und Rechtspolitik der PDS-Fraktion, lebt in Berlin und arbeitet in der *junge Welt*-Redaktion.

Serhat Karakayali, Sozialwissenschaftler und freier Autor aus Frankfurt/M., aktiv bei Kanak Attak, letzte Veröffentlichung zusammen mit Vassilis Tsianos: »Migrationsregimes in Deutschland« in dem Band *Konjunkturen des Rassismus* (hrsg. von Alex Demirovic u.a., Münster, 2002).

Manuel Kellner, hat bis 1980 an der RWTH Aachen Politikwissenschaft und Geschichte studiert, lebt in Köln und ist als politischer Publizist und in der Erwachsenenbildung tätig, arbeitet an der *Sozialistischen Zeitung (SoZ)* mit, Mitglied der IG Metall und der Gruppe »internationale sozialistische linke« (isl), gehört dem Vorstand der Jakob-Moneta-Stiftung an.

Jakob Moneta, geboren 1914, von Jugend an in der Arbeiterbewegung aktiv, lebte von 1933 bis 1948 in dem britischen Mandatsgebiet Palästina, arbeitete von 1949 bis 1951 als Redakteur bei der sozialdemokratischen *Rheinischen Zeitung,* 1962 bis 1979 beim Vorstand der IG Metall beschäftigt und Chefredakteur von *metall* und *Der Gewerkschafter,* lebt als politischer Publizist in Frankfurt a.M., Mitglied der isl und der PDS.

Jakob-Moneta-Stiftung (Hrsg.)

Welcher Widerstand gegen welchen Rassismus?

Dokumentation des Wochenendseminars
»Nach der UNO-Konferenz von Durban:
›Welcher Widerstand gegen welchen Rassismus‹?«

Ein Seminar zu Rassismus, zur Entschädigung der Opfer und zu den Ursachen des Terrorismus am 24. und 25. November 2001 in Frankfurt a.M.

VSA-Verlag Hamburg

Die Veröffentlichung dieses Buches wurde durch die Jakob-Moneta-Stiftung gefördert:

Jakob-Moneta-Stiftung, An den drei Brunnen 31, 60431 Frankfurt a.M.

Bearbeitung der Beiträge durch Wilfried Dubois (Frankfurt a.M.)

www.vsa-verlag.de

Druck- und Buchbindearbeiten: Idee, Satz & Druck, Hamburg
ISBN 3-89965-011-5

Inhalt

Es war **Sigi Moneta,** die Vorsitzende der von ihr gegründeten und finanzierten Stiftung, mit ihrem organisatorischen Talent, die die Konferenz am letzten Novemberwochende des Jahres 2001 vorbereitet und organisiert hat. Die Anmeldungen liefen bei ihr zusammen, TeilnehmerInnenbeiträge, ein Honorar und Spesen mussten abgerechnet und ausbezahlt werden, hinterher war das eine oder andere Manuskript der Vortragenden anzumahnen und zur redaktionellen Bearbeitung weiterzuleiten. Nichts ist Sigi entgangen, außer dass sie von einer schweren Krankheit befallen war, der sie am 14. September 2002 erlegen ist. Mit dieser Veröffentlichung statten wir auch ihr unseren Dank ab.

Vorwort

Zu dem Seminar, das am 24. und 25. November 2001 im Frankfurter Jugendgästehaus stattfand, hatte die *Jakob-Moneta-Stiftung* zusammen mit dem Deutschen Koordinierungskreis der Internationalen Kampagne für die Entschuldung und Entschädigung im Südlichen Afrika, der Kirchlichen Arbeitsstelle Südliches Afrika (Heidelberg), der Koordination Südliches Afrika (Bielefeld), medico international (Frankfurt/M), dem Solidaritätsdienst International (Berlin) und dem Verein für solidarische Perspektiven (Köln) eingeladen. Entsprechend vielfältige Gesichtspunkte wurden in die Diskussion eingebracht, an der sich an die dreißig GewerkschafterInnen, linke JournalistInnen, Aktive der Solidaritätsarbeit mit dem südlichen Afrika und den armen Ländern sowie der antirassistischen Bewegung beteiligten. Ausdrückliches Ziel war, der Segmentierung der verschiedenen theoretischen und praktischen Ansätze entgegenzuwirken. Die gewerkschaftlichen Kämpfe fallen nicht automatisch mit den Aufgaben der internationalen Solidarität zusammen, und das Bemühen um den Abbau rassistischer Spaltungslinien unter den Beschäftigten sowie die Gegenwehr gegen Diskriminierung und Illegalisierung ist meist bestenfalls ein Stiefkind der Großorganisationen. Doch hier wurde ein Anfang zu einem Dialog gemacht mit dem Ziel, das Bewusstsein über die Notwendigkeit einer Zusammenführung der verschiedenen genannten Problemfelder zu befördern – und »wieder zusammenzukommen«, wie es in der Abschlusserklärung des Seminars heißt.

***

Das Seminar vereinigte Linke verschiedener Richtungen, um anknüpfend an die UNO-Konferenz von Durban darüber nachzudenken, welcher Widerstand gegen den Rassismus möglich ist, worin die Ursachen des Terrorismus liegen und wie eine Entschädigung der Opfer des Kolonialismus erreicht werden kann. Die Teilnehmerinnen und Teilnehmer waren sich einig, dass rassistische Vorurteilsmuster dem Bedürfnis entspringen, begangene Untaten und ungerechte Verhältnisse, von denen man profitiert, vor dem eigenen Gewissen zu rechtfertigen.

Die von den Staaten der reichsten Industrieländer angezettelten Kriege lösen die Probleme nicht; sie verschlimmern sie. In Afghanistan war die

Zivilbevölkerung das erste Opfer der Bombardierungen. Auch die neue Regierung verfolgt eine zutiefst undemokratische Orientierung und steht für eine Politik der Unterdrückung und Diskriminierung der Frauen. Den USA und ihren Verbündeten ging es – wie heute im Fall Irak – nicht um Moral, sondern um handfeste materielle und strategische Interessen.

Das Feindbild »Islam« und die Rede von einem Krieg »der Zivilisation gegen die Barbarei« führen in die Irre. Solche Argumentationsmuster sollen verschleiern, dass es um die Interessen der Handvoll reichster Konzerne der Welt geht. Sie dienen auch zur Rechtfertigung für die verschärfte Unterdrückung von Einwanderinnen, Einwanderern und Flüchtlingen, wie in Deutschland mit den nach dem Anschlag auf das World Trade Center durchgesetzten Sicherheitsgesetzen eines Otto Schily.

Der Kampf gegen die Ursachen des Terrorismus ist der gleiche wie der gegen die neoliberale Offensive, die »Globalisierung« genannt wird, gegen Hunger, Elend und Verzweiflung in der Welt. Millionen haben inzwischen in vielen Ländern ihre Überzeugung herausgeschrien: »Eine andere Welt ist möglich – und bitter nötig!«

Zahlreiche Nichtregierungsorganisationen fordern zu Recht, die Schulden der Länder der sogenannten Dritten Welt vollständig und bedingungslos zu streichen und zusätzlich endlich auch die Opfer von Kolonialismus, Versklavung, rassistischer Unterdrückung und neokolonialer Ausplünderung zu entschädigen. Denn die Nachfahren der Kolonisierten und der Verschleppten leben noch, und ihre Schädigung wird durch die eklatant ungerechten Weltverhältnisse fortgesetzt. Nötig ist die sofortige Bildung von Entschädigungsfonds unter dem Dach der UNO, verwaltet durch die Netzwerke der Nichtregierungsorganisationen in Zusammenarbeit mit den Organisationen, die die Ausgebeuteten und Unterdrückten der armen Länder repräsentieren, so die Gewerkschaften und Landlosenverbände. Die Staaten der reichen Industrieländer und die Großkonzerne, in deren Tradition die Ausplünderung der armen Länder steht, müssen verpflichtet werden, in diese Fonds einzuzahlen. Untersuchungskommissionen der Nichtregierungsorganisationen sollen die Höhe der Entschädigungssummen und die konkreten historischen und gegenwärtigen Verantwortlichkeiten feststellen helfen.

Doch wie können solche Forderungen angesichts der Kräfteverhältnisse in der Welt durchgesetzt werden? Wenn es nur den »reichen Norden« und den »armen Süden« geben würde, gäbe es keine Hoffnung. »Der Süden« ist ökonomisch und militärisch weit unterlegen. Die Frage ist, auf welche Bündnispartner im reichen Norden sich die Armen des Südens stützen können.

Bei der Verteilung von Macht und Reichtum in der Welt stehen die großen Konzerne der reichen Industrieländer an der Spitze. Dann kommen die Superreichen der sogenannten »Dritten Welt«, von denen Osama bin Laden übrigens selbst ein Erbe ist. Es folgen die wohlhabenden Mittelschichten der reichen Länder, wiederum gefolgt von denen der armen Länder. Erst dann kommen die durchschnittlich bezahlten abhängig Beschäftigten der reichen Länder, und eine Stufe darunter die abhängig Beschäftigten und die armen Bauernfamilien der armen Länder. An vorletzter Stelle kommen die Armen und Ausgegrenzten der reichen Länder. Ganz unten stehen diejenigen, denen es am schlechtesten geht, die Armen und Ausgegrenzten der armen Länder. In dieser gesamten Schichtung sind wiederum die Frauen jeweils besonders benachteiligt.

Es gibt also nicht einfach die Konfrontation »Norden« contra »Süden«, sondern eine differenzierte Interessenlage, die Raum für neue Solidaritäten bietet. Spätestens seit Seattle 1999, seit Genua 2001 und seit Barcelona und Florenz 2002 hat sich gezeigt, dass Protest und Widerstand gegen die neoliberale Globalisierung auch in reichen Industrieländern abhängig Beschäftigte, Ausgegrenzte und kritisch denkende Jugendliche zusammenführen kann. Darin liegt die Hoffnung, dass die Verdammten des arm gehaltenen Teils dieser Erde neue Bündnispartner gewinnen können.

Den Gewerkschaften der Industrieländer kommt die Verantwortung zu, zusammen mit den vielfältigen sozialen Bewegungen für die Entschädigung der Opfer von Kolonialismus und Rassismus mobil zu machen. Dies würde über Nacht das Kräfteverhältnis zugunsten der Armen der Welt und der Entschädigungsforderung tiefgreifend verändern. Dann könnte auch die fatale »Standort«-Logik durchbrochen werden, die eine Logik der Konkurrenz ist, und die die Gewerkschaften der reichen Ländern gegenüber den Zumutungen der Kapitaloffensive entwaffnet.

Manuel Kellner und Jakob Moneta,
im November 2002

Ulla Jelpke

Anti-Terror-Gesetze und Rechtsverschiebung der Republik

Seit den Anschlägen von New York und Washington geht die deutsche Innenpolitik in atemberaubendem Tempo nach rechts.

In der Außenpolitik erleben wir diese Rechtsentwicklung auch. Kurz nach den Anschlägen begann die NATO ihren Krieg gegen Afghanistan. Die Antwort des Westens auf den Krieg des Terrors ist seitdem der Terror des Krieges. In Kabul herrschen inzwischen wieder die Warlords der Nordallianz. Berichte von Massenexekutionen und anderen Gräueltaten begleiten den Vormarsch der angeblichen »Guten«.

Zur gleichen Zeit beginnt in den Machtzentren des Westens und in den Medien schon die Debatte über das nächste Kriegsziel, Irak wird zum Beispiel genannt, aber auch Somalia. Die Ankündigung von Bush und anderen, man werde einen zehn und mehr Jahre dauernden »Kreuzzug« führen, wird offenbar wörtlich umgesetzt. Menschenrechte und Völkerrecht werden in diesem »Kreuzzug« massenhaft mit Füßen getreten.

Jan Myrdal hat recht, wenn er in seinem Artikel (in der schwedischen Zeitung *Falu Kuriren,* 14.11.2001) kritisiert, alle Regierungen des Westens hätten »für die Einleitung von Kriegshandlungen schwächere Beweise gutgeheißen, als sie für die verlangte Auslieferung eines Kleindiebes« in irgendein anderes Land verlangen würden.

Passend zu diesem langen und blutigen »Kreuzzug« verhält sich auch die deutsche Innenpolitik. Als hätten sie auf diese Gelegenheit nur gewartet, übertreffen sich Leute wie Schily, Beckstein und andere mit immer neuen rassistischen und undemokratischen Vorstößen. Die Angst der Menschen wird instrumentalisiert, um Gesetze durchzusetzen, die schon lange in den Schubladen lagen, und Polizei und Geheimdiensten Repressions- und Überwachungsmöglichkeiten in die Hand zu geben wie nie zuvor.

Sicherheit vor terroristischen Anschlägen wird damit nur vorgegaukelt, Menschenrechte aber werden in enormem Ausmaß abgebaut. Insbesondere Flüchtlinge und MigrantInnen werden total erfasst und entrechtet.

Rasterfahndung

Schon ohne jede gesetzliche Änderung gab es unmittelbar nach dem 11.9. eine bundesweite Rasterfahndung. In NRW werden 1,4 Millionen Menschen überprüft, bundesweit vermutlich mehrere Millionen Menschen. Rasterfahndungen heben den Grundsatz der Unschuldsvermutung und des Schutzes Unschuldiger auf. Sie sind ein Verstoß gegen den Datenschutz, unvereinbar mit dem Grundrecht auf informationelle Selbstbestimmung. Sie bringen ganze Bevölkerungsgruppen, in diesem Fall alle Menschen islamischen Glaubens, unter Generalverdacht und führen am Ende auch zu zahlreichen Verfahren – meist wegen geringfügiger anderer Delikte wie Verstöße gegen Meldevorschriften und ähnliches. Rasterfahndungen sind polizeilich völlig ineffektiv, bis heute hat die Polizei damit ja auch keinen einzigen angeblichen »Schläfer« entdeckt. Sie dienen einzig und allein der öffentlichen Stimmungsmache und der Diskriminierung ganzer Bevölkerungsgruppen.

Wie absurd eine solche Fahndung auf der anderen Seite ist, hat der Leiter des Verfassungsschutzes von Brandenburg deutlich gemacht, als er darauf hinwies, dass das Profil der Menschen, nach denen gefahndet wird, identisch ist mit dem Profil der Menschen, die gleichzeitig die Landesämter für Verfassungsschutz und das Bundesamt für Verfassungsschutz als neue Spitzel anwerben wollen.

Wegfall des »Religionsprivilegs«

Am 9. November 2001 hat der Bundestag das sogenannte Religionsprivileg im Vereinsrecht gestrichen. Schon der in der Öffentlichkeit für diese Klausel benutzte Begriff »Privileg« ist falsch. Im Grunde geht es darum, ob religiöse und weltanschauliche Vereinigungen – zum Beispiel auch die Freidenker – vor Verboten, die nach dem deutschen Vereinsrecht jeder einzelne Innenminister in jedem einzelnen Bundesland verhängen kann – zum Beispiel der Hamburger Innensenator Schill –, geschützt sind oder nicht.

Dieser Schutz ist nun weggefallen. Was das insbesondere für sogenannte Ausländervereine bedeutet, die schon jetzt fast keinen Schutz vor staatlichen Verboten haben, kann sich jeder ausrechnen.

Am 30. November 2001 soll die Streichung dieser Schutzklausel im Vereinsrecht auch den Bundesrat passieren. Danach ist mit raschen Verboten zu rechnen.

In der Öffentlichkeit genannt wird immer wieder der Kölner Verein »Kalifatstaat« des selbsternannten »Kalifen von Köln«, Metin Kaplan, der laut Verfassungsschutzberichten über knapp 1.500 Mitglieder und Anhänger verfügen soll. Genannt wird aber auch der gesamte Verband der »Milli Görüs« mit seinen mindestens 30.000 Mitgliedern. »Milli Görüs« ist ein Verband religiöser und politischer Vereine, verfügt allein in diesem Land über etwa 500 Moscheen und Moscheevereine und steht der in der Türkei von den Militärs verfolgten sogenannten Tugendpartei (früher Refah-Partei) nahe. Der Sohn des früheren türkischen Ministerpräsidenten Erbakan – dieser Erbakan wurde vor einigen Jahren von den Militärs in Ankara aus dem Amt gedrängt – lenkt den Verband der »Milli Görüs« hier bei uns.

Ich befürchte, um das offen zu sagen, dass der Wegfall dieses sogenannten Religionsprivilegs der Auftakt sein wird für einen langen »Kampf der Kulturen« in diesem Land, dass damit der ohnehin kaum geführte Dialog der Kulturen vollends aufgegeben wird und wir statt dessen eine allgemeine anti-islamische Hetzkampagne bekommen, mit Polizei in den Moscheen und all den Erscheinungen, die wir von anderen Vereinsverboten her kennen – Stichwort PKK-Verbot. Die CSU fordert bekanntlich schon, 30.000 angebliche islamische Extremisten müssten »raus«, also abgeschoben werden.

Die Repression und Diskriminierung von Menschen fremder Kultur, Nationalität, Sprache und Religion werden mit dieser Sorte angeblicher »Extremismusbekämpfung« extrem zunehmen. Hinzu kommt, dass damit und auch mit anderen Maßnahmen der türkische Geheimdienst und die türkischen Militärs wieder mit am Tisch sitzen, wieder mitreden, wenn es darum geht, wer hierzulande als »Extremist« oder »Terrorist« eingestuft und verfolgt werden soll.

Schilys »Zuwanderungsgesetz«

Noch im Sommer 2001 hatten Verbände wie Pro Asyl und Einrichtungen wie der UNHCR (United Nations High Commissioner for Refugees) die bis dahin bekannten Pläne von Schily in Sachen Zuwanderungsgesetz öffentlich scharf kritisiert. Am 7. November 2001 ist der Entwurf dieses Gesetzes nun trotzdem fast unverändert vom Bundeskabinett beschlossen worden. Die Änderungen, die Schily noch vorgenommen hat und auf die sich die Grünen in der Öffentlichkeit viel zugutehalten, betreffen ähnlich wie beim

Anti-Terror-Paket nur Marginalien, nur Randpunkte im Gesetz. Geblieben ist die inhumane Einteilung von Menschen in für die deutsche Wirtschaft »nützliche« und »unnütze«. Geblieben ist die soziale Ausgrenzung. So bekommen sogenannte hochqualifizierte MigrantInnen nach der Vorlage von Schily sehr schnell ein dauerhaftes Aufenthaltsrecht, dürfen auch ihre Familien nachholen und ähnliches. Andere MigrantInnen und Flüchtlinge dagegen werden weiter diskriminiert, wie wir es aus der jahrzehntelangen rassistischen Gastarbeiterpolitik oder vom Umgang der ehemaligen DDR mit ihren »Vertragsarbeitnehmern« kennen.

In mehreren Punkten will Schily die Situation von Flüchtlingen und MigrantInnen sogar direkt verschlechtern. So sieht das Arbeitserlaubnisrecht bisher vor, dass Flüchtlinge nach einem Jahr Aufenthalt eine Arbeitserlaubnis bekommen. Dieser immerhin bestehende Rechtsanspruch ist in Schilys Gesetz nun in eine »Kann-Regel« geändert, also verschlechtert worden.

Das Asylbewerberleistungsgesetz sieht bekanntlich vor, dass Flüchtlinge drei Jahre lang weniger Sozialhilfe bekommen als deutsche Staatsangehörige. Danach, also nach 36 Monaten, haben sie Anspruch wenigstens auf die Sozialhilfe für »Deutsche«. Diese Begrenzung auf 36 Monate, die bisher zwingend war, soll mit Schilys Gesetz zu einer »Kann-Bestimmung« werden. Aus 36 Monaten können dann leicht vier, fünf oder mehr Jahre werden.

Stichwort Geduldete: Nach amtlichen Angaben leben derzeit etwa 250.000 Menschen hier im Status der »Geduldeten«. Ihr Asylantrag ist abgelehnt, sie werden aber nicht abgeschoben, weil sie z.B. krank sind, weil sie hier Familienangehörige haben, oder weil in ihrem Herkunftsland Krieg oder Bürgerkrieg herrscht oder andere Gefahren einer Abschiebung im Wege stehen.

Die Situation dieser Geduldeten wird durch das neue Gesetz nicht verbessert, sondern verschlimmert. Vertreter der Regierungsparteien haben im Innenausschuss selbst die Zahlen ausgeplaudert. Sie gehen davon aus, dass nur ein Zehntel dieser Menschen nach dem neuen Gesetz einen legalen Aufenthaltstatus bekommen wird. Alle anderen – also etwa 225.000 Menschen – müssen damit faktisch schon bald in die »Illegalität« abtauchen, wenn sie nicht abgeschoben werden wollen.

Stichwort Illegale: Auch hier hatte es schon im Vorfeld herbe Kritik gegeben, von Flüchtlingsorganisationen, von Kirchen und anderen. Auch hier enthält das Gesetz nur marginale Verbesserungen für die schätzungsweise eine Million Menschen, die aufgrund der rassistischen Gesetze in diesem

Land schon heute in diesem völlig ungeschützten Status leben müssen. Die von vielen geforderte Amnestie für diese Menschen und die Möglichkeit, einen legalen Status zu erhalten, ist im Gesetz nicht enthalten.

Stichwort Asylverfahren: Auch hier gibt es eine Verschlechterung. Schily will, dass künftig selbst das gewährte Asyl nach drei Jahren wieder überprüft und ggf. aberkannt werden kann. Um auch hier einige Zahlen zu nennen: 1998 erhielten etwa 40.000 Menschen noch Asyl. Wäre das neue Gesetz schon in Kraft, so müssten alle diese 40.000 Menschen und ihre Familien heute wieder zittern und fürchten, selbst das gewährte Asylrecht wieder zu verlieren. Dass diese Menschen auf diese Weise nie eine längere Lebensplanung machen können, sich keinerlei eigenständige Existenz hier aufbauen können, ist das gewollte Resultat dieser Verschärfung.

Das wirkliche Ergebnis von Schilys Gesetz wird deshalb eine Zunahme der Abschottung und der Abschiebungen sein. Das jedenfalls ist schon jetzt zu erkennen. Die rassistische Politik der Abschottung, der Festung Europa, wird nicht etwa korrigiert, sondern weiter ausgebaut.

Die von den Grünen betonten angeblichen »Verbesserungen« ändern daran nichts. Erstens steht die Anerkennung nichtstaatlicher und geschlechtsspezifischer Verfolgung nicht im Gesetz. Zweitens, und das ist ja der Trick, den die SPD und die Grünen hier gemeinsam anwenden, muss das Gesetz ohnehin auch durch den Bundesrat. Selbst wenn also SPD und Grüne mit ihrer Mehrheit im Bundestag ein in diesen wenigen Punkten als »Verbesserung« gefeiertes Gesetz beschließen sollten, kommt dann noch der Bundesrat. Spätestens dort bzw. im Vermittlungsausschuss von Bundestag und Bundesrat werden die von den Grünen betonten Verbesserungen dann sicher wieder herausgeschossen aus dem tatsächlichen Gesetz, so dass am Ende nur die Verschärfungen der Repression und Abschottung stehen bleiben werden.

Das »Anti-Terror-Paket«

Jetzt zu Schilys Anti-Terror-Paketen. Wie schon gesagt, die Streichung des sogenannten Religionsprivilegs im Vereinsrecht wird vermutlich schon Ende November 2001 in Kraft treten. Auch bei den anderen Teilen machen SPD und Grüne enorm Druck. Am 30. November soll schon eine hastig einberufene Anhörung zum Anti-Terror-Paket II im Bundestag stattfinden; in der Woche vom 10. bis 14. Dezember soll dann das ganze Paket II plus die noch nicht beschlossenen Teile vom Paket I, wie der neue § 129b Strafgesetzbuch, durch den Bundestag verabschiedet werden, damit der Bundesrat auf seiner letzten Dezembersitzung das Paket auch schon beschließen und das gesamte Paket zu Anfang 2002 in Kraft treten kann.

Für eine ruhige parlamentarische und auch öffentliche Beratung und Auseinandersetzung soll so wenig Zeit wie möglich bleiben.

Ebenfalls schon Anfang Dezember soll parallel dazu auf einem EU-Gipfel (am 6./7. Dezember) eine neue EU-weite Anti-Terror-Konvention und ein europaweiter Haftbefehl beschlossen werden.

Und schließlich werden die Etats des Bundesgrenzschutzes, des Bundeskriminalamtes und der Geheimdienste massiv angehoben. Zusätzlich zu den ohnehin schon im alten Haushaltsentwurf für 2002 geplanten Anhebungen bekommt Schily noch einmal etwa 470 Millionen DM, ein Jahr danach sogar 660 Millionen DM mehr. Faktisch steigt damit im Jahr 2002 der Etat des Bundeskriminalamts zum Beispiel um über 30 Prozent gegenüber 2001 an. Bei den Geheimdiensten werden die Etats ebenso stark angehoben.

Aber zurück zu den Gesetzen. Der FDP-Politiker Burkhard Hirsch wirft Schilys Gesetzen zu Recht einen »totalitären Geist« vor, die Deutsche Vereinigung für den Datenschutz spricht von einer »Grundsteinlegung für den Geheimdienststaat«. Tatsächlich werden insbesondere die Kompetenzen und Machtmittel für die Geheimdienste und das BKA durch Schilys Gesetze enorm ausgebaut.

Das Bundeskriminalamt soll künftig Daten über Unschuldige sammeln und »weitere Maßnahmen« treffen können. Seine Zuständigkeiten werden zu Lasten der Landespolizei ausgeweitet. Der Bundesgrenzschutz soll bis 80 Kilometer hinter der Seegrenze »verdachtslose« Personenkontrollen durchführen können. Die Idee, irgendein Terrorist könne illegal mit dem Paddelboot über die Ostsee kommen, ist absurd. Praktisch werden durch die Neuregelung die schon seit Jahren bestehenden sogenannten verdachtslosen BGS-Kontrollen gegen Flüchtlinge und MigrantInnen, bei denen es immer wieder zu rassistischen Übergriffen kommt, weiter ausgeweitet.

Der Verfassungsschutz soll künftig von Banken alle Konten und Geldbewegungen, von Telefongesellschaften alle Daten über Telefonate und sonstige Verbindungen und von Fluggesellschaften alle Buchungen von vermeintlich Verdächtigen anfordern können, ohne Benachrichtigung der Betroffenen, ohne richterliche Kontrolle. Auch die Sicherheitsüberprüfung von Beschäftigten durch Geheimdienste – bisher auf militärische und Einrichtungen wie z.B. Kernkraftwerke beschränkt – wird massiv ausgeweitet.

Das Ausländerrecht wird vollends zum Polizeirecht. Verfassungsschutz und BND bekommen Online-Anschlüsse zu den Millionen Daten des Ausländerzentralregisters, zum Bundesamt für die Anerkennung von Flüchtlingen und zu allen Daten von 16.000 Ausländervereinen.

Die Verbotsmöglichkeiten gegen Ausländervereine und die Abschiebungsmöglichkeiten gegen Flüchtlinge und MigrantInnen werden ausgeweitet wie nie zuvor. So sollen Ausländervereine künftig auch dann verboten werden können, wenn sie hierzulande keine einzige Straftat begehen oder sonstwie aktiv sind, aber »Vereinigungen außerhalb des Bundesgebiets« unterstützen (z.B. durch Zeitungen, Flugblätter usw.), die »Anschläge gegen Personen oder Sachen veranlassen, befürworten oder androhen«. Das hätte für die Verschwörer des 20. Juli 1944 auch gegolten. Für Befreiungsbewegungen gilt dieser Vorwurf generell. Wenn also Flüchtlinge hier oder MigrantInnen künftig Befreiungsbewegungen in ihren Ländern weiter unterstützen, können ihre Vereine sofort verboten und sie selbst abgeschoben werden.

Abschiebegrund ist auch, wenn jemand seinen Namen nicht korrekt nennt. Willy Brandt wäre in Norwegen, wenn dort in der Nazi-Zeit Schilys Gesetz gegolten hätte, abgeschoben worden.

Ein weiteres Beispiel: Künftig soll schon einfache *Verdacht* auf Verbindungen zu angeblichen »Extremisten« oder »Terroristen« Abschiebungsgrund sein. Eine gerichtliche Nachprüfung dieses Verdachts oder Vorwurfs ist nicht erforderlich. Wer versucht, sich bei Gericht gegen eine solche Abschiebung zu wehren, wird trotzdem abgeschoben, weil der Einspruch bei Gericht keine aufschiebende Wirkung mehr hat.

Von allen Flüchtlingen, selbst von Kindern ab 14 Jahren, sollen künftig alle Fingerabdrücke und Fotos erhoben und bis zu 15 Jahren bei den Geheimdiensten gespeichert werden können.

Auch die Einführung biometrischer Daten in Ausweise und deren verschlüsselte Speicherung dort richtet sich insbesondere gegen Flüchtlinge und Migrantinnen. So ist diese Änderungen zwar formal in Schilys Gesetz auch bei Deutschen geplant. Aber welche biometrischen Daten bei Deutschen überhaupt erhoben und gespeichert werden sollen, soll bei Deutschen durch ein weiteres, noch gar nicht vorliegendes Gesetz geregelt werden. Hier will die Regierung eine EU-weite Vereinbarung versuchen, bevor sie ein solches Gesetz überhaupt vorlegt. Bei Flüchtlingen und MigrantInnen dagegen soll die Erfassung und Speicherung der biometrischen Daten sofort per Verordnung eingeführt werden.

Auch bei der Visa-Erteilung werden künftig deutsche Geheimdienste regelmäßig eingeschaltet. Das dürfte insbesondere für Oppositionspolitiker in anderen Ländern die Einreise nach Deutschland immer schwerer machen. Der Geheimdienst dieser Länder muss nur darauf achten, dass er gute Beziehungen zum BND pflegt oder zu einem anderen deutschen Geheimdienst, und schon kann er durch gezielte Falschinformationen erreichen, dass Oppositionspolitiker in diesen Ländern nicht mehr nach Deutschland kommen. Bündnissolidarität wie mit der Türkei oder gute staatliche Beziehungen bzw. Wirtschaftsinteressen haben in Zukunft wieder unangefochten Vorrang vor allen Menschenrechten.

Wenn diese Gesetzespakete Ende des Jahres 2001 in Kraft getreten sind, dann haben wir eine andere Republik.

Schon jetzt geht die schlimme Saat dieser Diskussion auf. Die CDU/CSU propagiert öffentlich die Einrichtung von Internierungslagern gegen Verdächtige, zum Beispiel Kasernen, in die Menschen auch ohne Gerichtsurteil gesperrt werden sollen.

Burkhard Hirsch hat richtig gesagt: Verglichen mit diesen Gesetzen nehmen sich die Notstandsgesetze aus »wie Träumereien am Kamin«.

Hannah Arendt sagt richtig: »Der Sinn von Politik ist Freiheit«. Diese Freiheit müssen wir verteidigen.

Diskussion*

Ulla Jelpke (auf eine Frage hin): Der Alt-FDP-Politiker Burkhard Hirsch hat klar gesagt, die neuen verschärften Bestimmungen hätten nichts mit einem »Kampf gegen den Terror« zu tun. Die Notstandsgesetze seien in Sachen Einschränkung demokratischer Rechte dagegen ein Klacks gewesen. Die neuen Gesetzentwürfe lagen schon lange in der Schublade und sind jetzt wegen der günstigen Gelegenheit hervorgekramt worden. Bisher waren sie am Einspruch der Grünen gescheitert, doch das ist jetzt vorbei.

Manuela Bojadzijev: Was ist zur Vorgeschichte zu sagen – Politik gegen Flüchtlinge ist ja nichts Neues in Deutschland? Und wie ist die Rolle der PDS in diesem Zusammenhang zu beurteilen?

Ulla Jelpke: Die Diskussion über die Flüchtlingspolitik ist breiter geworden – und doch sind wir in der Flüchtlingspolitik um Jahrzehnte zurückgeworfen. Ich selbst habe oft Streit mit der PDS-Führung. Da gibt es oft den Wunsch, »konstruktiver« zu sein, nicht alles abzulehnen, da gibt es das Bedürfnis »mitreden« und mitgestalten zu können. So gibt es ein Papier von Petra Pau, wo sie Vorschläge zur Aufgabenbestimmung des Verfassungsschutzes macht, der als eine Art »Frühwarnsystem« gegen Extremismus fungieren soll. Zu ihren Vorschlägen gehören auch die Wiedereinführung der Regelanfrage bei Bewerbern für Anstellungen im Öffentlichen Dienst und der Einsatz verdeckter Ermittler. Mit dieser Art von Positionsbildung soll »Regierungsfähigkeit« bewiesen werden. Dem gegenüber bin ich eine »Querdenkerin«, versuche diese Leute von linken Positionen zu überzeu-

* Ich habe das Seminar moderiert und zugleich eifrig mitgeschrieben. Am Ende des Seminars habe ich die TeilnehmerInnen, soweit sie der Meinung waren, zur Diskussion etwas Substanzielles beigetragen zu haben, gebeten, ihre Diskussionsbeiträge zum Zwecke späterer Veröffentlichung einzusenden. Das hat niemand getan. Die hier vorliegende Wiedergabe der Diskussion aus meinen Aufzeichnungen ist mit Vorsicht zu genießen. Die Angaben zur Person sind unvollständig und uneinheitlich. An den Inhalt mancher Diskussionsbeiträge konnte ich mich trotz meiner Notizen nicht mehr erinnern. Und schließlich gilt, dass DiskussionsteilnehmerInnen sich so gut wie nie in der schriftlichen Wiedergabe ihrer Diskussionsbeiträge durch Dritte wiederfinden. Insofern appelliere ich an die LeserInnen, bei der Lektüre an den notwendig subjektiven Charakter dieser Wiedergabe zu denken – sie soll einen Eindruck von den in der Diskussion angeschnittenen Themen und ausgetauschten Argumenten vermitteln, mehr nicht. *Manuel Kellner*

gen. Doch der Druck, sich weiter nach rechts zu entwickeln, ist real. Es wird ein Zwang zu mehr Realpolitik empfunden, um auf diese Weise etwas für die Menschen herauszuholen. Ein Beispiel für die Möglichkeit dazu (egal wie bescheiden) sind die neuen Beschlüsse zum Umgang mit den verurteilten Deserteuren des Zweiten Weltkriegs.

Peter-Anton von Arnim: Die neuen Gesetze sind fast widerspruchslos beschlossen worden; der Boden war dafür sorgfältig bereitet worden. Es herrscht eine regelrechte Hysterie. Nach einem Südafrika-Aufenthalt fand ich mich zurück in Deutschland aus Intellektuellen-Kreisen regelrecht ausgegrenzt, weil ich nicht die Regierungsmeinung vertrat. Das ist ein ähnliches Klima wie nach der Nazi-Machtergreifung. Bei einer Christiansen-Talkshow hat Otto Schily Peter Scholl-Latour, der eine kritische Auffassung vertrat, regelrecht den Mund verboten, und die Moderatorin Sabine Christiansen hat ihn dann nicht mehr zu Wort kommen lassen. In einem solchen Klima kommt Ratlosigkeit auf.

Ulla Jelpke: Stimmt zu, dass der Boden langfristig vorbereitet worden war, u.a. durch die Stigmatisierung bestimmter Bevölkerungsgruppen und vor allem von Flüchtlingen. Es verhält sich ähnlich wie bei der Rolle rechter, rassistischer Gesetze, die von der etablierten Politik auf den Weg gebracht werden und den Rechtsextremismus ermutigen und stärken.

Sevende (?): Möchte gerne zurückkommen auf die Frage des drohenden Krieges.

Ulla Jelpke: Die Kriege werden immer mit Propagandalügen vorbereitet und von solchen Lügen begleitet. Was ist zum Beispiel »Terrorismus« – die Definition ist völlig unklar. Die USA lehnt zum Beispiel den Begriff des Staatsterrorismus ab, obwohl sie ihn offensichtlich praktiziert. Hysterie wird geschürt, es wird Angstmache betrieben und hierfür das Sicherheitsbedürfnis der Menschen ausgebeutet. Islamischer Unterricht soll verboten werden mit dem Argument, er sei gefährlich. Hinter allen vordergründigen Begründungen verbirgt sich ein imperialistischer Krieg, der ums Öl und um Ressourcen geführt wird. Bei Schröders Politik der »bedingungslosen Solidarität« kommt das Motiv hinzu, dass Deutschland gegenüber den USA nicht an Einfluss verlieren soll.

Tobias Michel: In der *Financial Times* von Freitag stand bezeichnender Weise, man müsse die Grenzen aufmachen – für gewisse Ausländerinnen und Ausländer, wenn die Pflegestufe 1 in Kraft tritt – sie sollen dann 24 Stunden am Tag Dienst an Deutschen tun. In der deutschen Bevölkerung gibt es eine breite Komplizenschaft in Sachen Rassismus, die Bösen sind nicht nur die Reichen und die Besserverdienenden. Was die Sicherheitsbedürfnisse betrifft, so konnte ich an unserem Krankenhaus erleben, wie plötzlich Gerüchte über »dunkle Gestalten« auftauchten, die »im OP herumschleichen« (Heiterkeit).

Ulla Jelpke: Ich bestreite nicht, dass es eine solche breite Komplizenschaft gibt. Doch muss man auch rational über das Sicherheitsbedürfnis diskutieren und darüber, woher wirklich Gefahren für die Menschen drohen. Was ist »sicher«? AKWs? Castoren? Seitens der Regierung gibt es keine objektivierte Gefahrenanalyse.

Manuela Bojadzijev: Weist auf den Denunziationseifer in Teilen der deutschen Bevölkerung hin und wendet sich gegen Fatalismus und Resignation aufgrund der laufenden Verschlechterungen. Wie kommen wir aus der Defensive raus? Man sollte nicht ständig dem hinterherrennen, was sich verändert und verschlechtert, sondern selbst radikale Forderungen aufstellen und dafür kämpfen, wie etwa für die Legalisierung aller ImmigrantInnen.

Ulla Jelpke: Natürlich ist es richtig dafür zu kämpfen, doch stellt sich auch die Frage, welche Mobilisierungsfähigkeit man hat. Es gibt heute verstärkt Angst, manche Türen potentieller Bündnispartner sind plötzlich zu, die vorher offen waren.

Neville Alexander: Ich war eher optimistisch, Ulla scheint eher pessimistisch zu sein und die reale Lage, vor allem die Stimmung, damit zu treffen. Ich habe kein Patentrezept. Doch die sogenannte Antiglobalisierungsbewegung macht auch Hoffnung, sie ist nicht in die Knie gegangen. Man kann etwas dafür tun, über die Medien mehr Ausstrahlung zu bekommen, so in Sachen Aufklärung über den Islam, Abbau der Feindbilder. So haben wir am Kap eine Kampagne geführt: »Der Islam ist nicht unser Feind«. In Südafrika ist die Stimmung übrigens positiver, gelöster, man fühlt sich nicht so sehr bedroht. Es ist in der Tat wichtig, sich kritisch mit dem rassistischen Diskurs auseinander zu setzen; die Grenze zwischen den verschiedenen

Gesellschaftsgruppen ist nicht hermetisch, sondern fließend; man muss in einer Übergangsphase versuchen, diesen Diskurs und die damit verbundenen Vorurteile aufzubrechen. In Südafrika wird zum Beispiel noch immer in diesen Kategorien gesprochen: »Schwarze«, »Weiße«, »Inder«, »Mischlinge«. Es ist wichtig, das zu bekämpfen, denn in bestimmten geschichtlichen Situationen ist der subjektive Faktor ganz ausschlaggebend – man muss mit bestimmten moralisch-ethischen und politischen Perspektiven an die Leute ran, um sie zu mobilisieren.

Gerhard Klas: Es ist erforderlich, die defätistische Stimmung etwas zu relativieren. Im Parlament selbst kann nicht die Gegenmacht entstehen. Eine andere Frage ist die Stimmung in der Gesellschaft. Nach den Anschlägen wurde man zwar in der Tat schon diskriminiert, wenn man sich politisch mit eigenem Kopf dazu verhielt und sich entsprechend öffentlich erklärte. Doch inzwischen kippt die Stimmung schon wieder, die Opfer dieser Weltordnung werden wieder Thema, die Kinder, die sterben, ohne dass sich irgendein Präsident der reichen Industrieländer darum kümmert.

Peter-Anton von Arnim: Eine revolutionäre Situation soll ja entstehen, wenn die herrschende Klasse nicht mehr weiter weiß. Nun wird mit dem 1.1.2002 der Euro da sein. Schröder hat im Namen Deutschlands die Teilnahme am Krieg erklärt.

Eine Teilnehmerin: Es ist nicht »Pessimismus«, die Entwicklung der Dinge klar zu sehen und zu benennen. Tatsächlich gibt es massive Gefährdungen der Demokratie, und von unten regt sich kaum etwas dagegen.

Manuel Kellner: Mit Seattle 1999 und dem Ruf »Eine andere Welt ist möglich!« ist eine neue Hoffnung gekommen. Vor allem, weil sich ein neues soziales Bündnis abzeichnet: Teile der »alten Arbeiterbewegung« waren zusammen mit der neuen Protestgeneration auf der Straße. Die daraus resultierende Dynamik hat sich bei weitem noch nicht erschöpft.

Jakob Moneta: Mit Gramsci soll man ja pessimistisch sein in der Theorie, aber optimistisch in der Praxis. Auch der Feind macht Fehler. So hat Kanzler Schröder eindeutig überzogen, als er den IG-Metall-Vorsitzenden Zwikkel wegen seiner kritischen Haltung zum »Krieg gegen den Terrorismus« abgekanzelt hat. Dass beim Attac-Kongress in Berlin 4000 Menschen waren, hat alle überrascht – es waren nur einige Hundert erwartet worden. Zur Demonstration am 13.12.2001 in Brüssel mobilisiert erstmals hoch offiziell der DGB. Man rechnet mit 100.000 Leuten.

Siglinde Moneta: Auch Franz-Josef Möllenberg, 1. Vorsitzender der Gewerkschaft Nahrung-Genuss-Gaststätten (NGG), wird dort sprechen.

Neville Alexander

Rassismus und Kolonialismus am Anfang des 21. Jahrhunderts

Das Verhältnis zwischen Rassismus und Kolonialismus ist während des 20. Jahrhunderts in den Gesellschaftswissenschaften gründlich diskutiert worden. Die relevante Literatur ist fast uferlos.[1] Im folgenden liegt der Schwerpunkt auf der Problematik dieser Beziehung am Anfang des 21. Jahrhunderts, also einer Zeit, die durch das Schlagwort der Globalisierung charakterisiert wird. Die koloniale Eroberung der übrigen Welt durch die westeuropäischen frühkapitalistischen Staaten in der Zeit zwischen 1415 und 1815 sowie die spätere imperialistische Aufteilung der Welt durch die Delegierten der Großmächte beim Berliner Kongress (1884/1885) haben die derzeitige Gestalt des Globus bestimmt. Das Nord-Süd-Gefälle, das die internationalen wirtschaftlichen und politischen Machtverhältnisse weitgehend widerspiegelt, ist die unmittelbare Folge dieser beiden welthistorischen Ereignisse bzw. Vorgänge.

Weil es bisher noch keine Weltrevolution gegeben hat, die zum Untergang des Kapitalismus als globalem System geführt hat, und weil es heute nicht mehr bestritten werden kann, dass gerade die genannten Vorgänge für die Etablierung der Fundamente des Kapitalismus als globalem System

---

[1] Ausschlaggebende Werke im englischsprachigen Raum sind u. a. diejenigen von: Hobson, John A.: *Der Imperialismus,* Köln u. Berlin: Kiepenheuer & Witsch, 1968, (Studien-Bibliothek). 1. Ausg.: *Imperialism: A Study,* London 1902. – Lenin, Wladimir Iljitsch: *Der Imperialismus als höchstes Stadium des Kapitalismus.* Gemeinverständlicher Abriß, in: *Werke,* Bd. 22, Berlin: Dietz Verlag, 1960, S. 189-309. Geschrieben in der ersten Jahreshälfte 1916; 1. Ausg. Petrograd 1917. – Lenin, W. I.: *Zur nationalen und kolonialen Frage.* Drei Artikel, Peking: Verlag für fremdsprachige Literatur, 1974. Drei Texte aus 1916, Juni 1920, Juli 1920. – Luxemburg, Rosa: *Die Akkumulation des Kapitals.* Ein Beitrag zur ökonomischen Erklärung des Imperialismus, in: dies., *Gesammelte Werke,* Band 5: Ökonomische Schriften, Berlin: Dietz Verlag, 1975, S. 5411. 1. Ausg.: Berlin 1913. – Cox, Oliver Cromwell: *Caste, Class, and Race.* A Study in Social Dynamics, mit einer Einleitung von Joseph S. Roucek, New York u. London: Monthly Review Press, 1970, (Modern Reader Paperbacks). 1. Ausg.: New York 1948; 2. Ausg.: New York 1959.

unentbehrlich waren,[2] entsteht die Frage: Wie können die Opfer bzw. die Nachfahren der Opfer dieser Vorgänge entschädigt werden? Vorläufig stellt sich uns auch eine implizite Frage, nämlich: Sollen diese Opfer oder ihre Nachkommenschaft entschädigt werden? Es werden heute unter der Rubrik der Entschädigungsfrage allerlei Vorschläge auf die Tagesordnung der Weltgemeinschaft gesetzt. Diese Frage wurde im September 2001 bekanntlich zu einer der beiden Streitfragen auf der Weltkonferenz gegen Rassismus in Durban (Südafrika). Die Regierung Bush hat sogar die Delegation der USA teilweise aus der Konferenz zurückgezogen, weil sie sich der Thematisierung dieser Frage prinzipiell widersetzte. Als revolutionäre Sozialisten und Sozialistinnen müssen wir diese sehr wichtige moralpolitische Frage der Gegenwart unbedingt im Sinne der sich entwickelnden internationalen antikapitalistischen Bewegung analysieren, damit unsere Diskussionsbeiträge reformistischen Intentionen in der jetzigen Debatte entgegenwirken bzw. auf die Alternativen hindeuten können. Eine solche Analyse fordert aber eine sorgfältige und genaue Prüfung der Begriffe und des Diskurses, welche die Debatte gestalten und umrahmen.

Rasse, Rassismus und rassistisches Vorurteil

Was die grundlegenden Begriffe angeht, ist kurz auf den heutigen Stand der Wissenschaft hinzuweisen. In der Humanbiologie wird dem Begriff »Rasse« seit Jahrzehnten schon kein realer Status mehr zugeschrieben. Die neuesten Ergebnisse der Forschung auf diesem Gebiet, die von dem Projekt über die menschlichen Erbanlagen (»Human Genome Project«) ausgegangen sind, haben diese Einsicht endgültig bestätigt.[3] Wir konstatieren also ganz einfach: wenn es in der Vergangenheit möglicherweise auch menschliche Großgruppen gegeben hat, die wir als »Rassen« im Sinne der wissenschaftlichen

---

[2] Siehe vor allem: Williams, Eric: *Capitalism & Slavery,* New York: Russell & Russell, 1961. 1. Ausg.: Chapel Hill, North Carolina, 1944. – James, C. L. R.: *Die schwarzen Jakobiner.* Toussaint L'Ouverture und die Unabhängigkeitsrevolution in Haiti, Köln: Pahl-Rugenstein Verlag, 1984, (Kleine Bibliothek, Bd. 341). 1. Ausg.: *The Black Jacobins.* Toussaint L'Ouverture and the San Domingo Revolution, London 1938.

[3] Siehe Brown, L.: »Race and Lung Function Testing. A History of the Debate«. Paper presented at the Department of Public Health, University of Cape Town, June 21 2001 (unveröff. Mimeo).

Definition des Begriffs hätten beschreiben können, bestehen seit Jahrtausenden die Bedingungen, unter welchen sich solche Gruppen hätten entwickeln können, nicht mehr. Die Gattung »Mensch« lässt sich wegen der Vereinheitlichung der sozialen Welt nicht mehr in subspezifische Unterarten (»Rassen«) unterteilen.

Andererseits aber ist durch die Forschung in den Sozialwissenschaften eindeutig klar geworden, dass der Begriff »Rasse« durchaus eine ontologische Entsprechung in der gesellschaftlichen Wirklichkeit hat. »Rassen« sind eben gesellschaftliche Konstruktionen. Phänotypische Merkmale wie Unterschiede im Hinblick auf Hautfarbe, Haar, Statur usw., die die Diversität der menschlichen Bevölkerung kundtun, spielen bei der Herstellung von Stereotypen eine ähnliche Rolle wie die kulturell bedingte Diversität der Sprachen, der Religionen und anderer Bräuche. Obwohl dieser Vorgang äußerst interessant und wichtig ist, wollen wir uns in diesem Zusammenhang damit nicht weiter befassen. Uns interessiert eher die Feststellung, dass Stereotypen, also reifizierte (oder verdinglichte) gesellschaftlich gebundene Kategorien von machtgierigen dominanten Schichten ausgenutzt werden, um die Unterjochung der Mehrheit der Arbeiterklasse herbeizuführen bzw. aufrechtzuerhalten. Dabei spielen bekanntlich die Hegemonie anstrebenden Herrschaftserzählungen (*master narratives*) eine ebenso große Rolle wie repressive Staatsapparate (Armee, Polizei usw.).

Diese Feststellung führt zu der Einsicht, dass wir im Kampf gegen den Rassismus unbedingt sowohl auf strukturelle als auch auf diskursive Machtrelationen achten müssen. Marxisten und Marxistinnen haben vor allem darauf hingewiesen, dass es zur Durchsetzung sozialen Wandels nicht genügt, allein den Wortgebrauch zu ändern. Bei allem Erfolg der feministischen Bewegung in bezug auf die Art und Weise, wie Frauen und Mädchen beschrieben und sprachlich einbezogen werden, ist es allen klar geworden, dass die gesellschaftliche Gleichstellung von weiblichen Personen nur durch strukturelle Veränderungen in der Gesellschaft tatsächlich herbeigeführt werden kann. Aus diesem Grund wird heute in vielen Staaten sogenannte positive Diskriminierung zugunsten von Frauen und anderen ausgegrenzten Gruppen durchgeführt (Beispiele: Norwegen, Südafrika usw.). Es stimmt letzten Endes nicht, dass das Wort am Anfang der Dinge steht. Wir würden uns aber irren, wenn wir die Bedeutung des Diskurses nicht in Betracht ziehen. »Diskurs« heißt eben nicht »Sprachgebrauch«. Er heißt in erster Linie die formative bzw. die transformative Kapazität der Sprache als Wissens- und Bedeutungsträger in einer Situation, die von einer realen Machtrelation umschrieben wird. Unter diesem Gesichtspunkt ist es äußerst wichtig, dass der Sprachgebrauch immer im Hinblick auf seine Auswirkung auf diese Machtrelation überprüft wird.

Der Kampf gegen den Rassismus im Süden sowie im Norden ist deswegen nicht nur ein Kampf gegen die sozialökonomischen Machtapparate des bürgerlichen Staates, sondern auch ein Kampf gegen die Institutionen, die mittels einer durchexerzierten Semiotik die Herrschaftserzählungen fördern, die die Dominanz der herrschenden Klassen verfestigen.

Nun ist es sehr interessant, dass es bei der Entschädigungsfrage unmittelbar um beide Aspekte dieses Kampfes geht. Bevor wir uns aber diese Aspekte ansehen, wollen wir auf die vorher angedeutete Frage eingehen. Soll die Entschädigungsfrage hinsichtlich des transatlantischen Sklavenhandels bzw. der Feldarbeitsklaverei (*plantation slavery*)[4] gestellt werden? Wie sollen wir an die Sache herangehen? Die Antwort auf diese beiden Fragen ist ganz einfach. Sie können nämlich heute gestellt werden, weil der moderne Mensch viel mehr über die tatsächliche Entwicklung des kapitalistischen Systems weiß, als das noch vor hundert Jahren der Fall war. In Europa wussten die herrschenden Klassen und die führenden Schichten der Arbeiterklasse vor hundert Jahren über die Geschichte der modernen Sklaverei und ihrer Beziehung zum Werden des Kapitalismus einigermaßen Bescheid. In den Kolonien, das heißt, in dem künftigen Süden hatte man auf eine fragmentarische Art und Weise auch eine Vorstellung davon, aber die Menschen waren wegen der Brutalität der Gesellschaftsordnung zum Schweigen gezwungen. Heute ist es nicht mehr möglich, die wichtige Rolle des Sklavenhandels und der Sklaverei beim Werden des Kapitalismus (der sogenannten ursprünglichen Akkumulation des Kapitals) zu leugnen.[5] Weil wir wissen, wie es geworden ist, heißt das aber noch lange nicht, dass die Nutznießer

---

[4] Auch der sogenannte arabische (Transsahara-)Sklavenhandel fällt unter diese Fragestellung, ist aber kategorial die gleiche Frage.

[5] Ich erinnere an den sardonischen Ton der Marxschen Schilderung dieses Tatbestands im ersten Band des *Kapital*: »Die Entdeckung der Gold- und Silberländer in Amerika, die Ausrottung, Versklavung und Vergrabung der eingebornen Bevölkerung in die Bergwerke, die beginnende Eroberung und Ausplünderung von Ostindien, die Verwandlung von Afrika in ein Geheg zur Handelsjagd auf Schwarzhäute bezeichnen die Morgenröte der kapitalistischen Produktion. Diese idyllischen Prozesse sind Hauptmomente der ursprünglichen Akkumulation«. Marx, Karl: *Das Kapital.* Kritik der politischen Ökonomie. Erster Band, Berlin: Dietz Verlag, 1962, (Karl Marx, Friedrich Engels, Werke, Bd. 23, S. 779). 1. Ausg.: Hamburg 1867; 4. dt. Ausg.: Hamburg 1890.

dieser Gräueltaten, die welthistorische Bedeutung haben, deswegen willens sein müssen, die Opfer und ihre Abkömmlinge zu entschädigen. Dazu braucht es eine Gegenmacht, die der Gerechtigkeit der Forderung nach Entschädigung ohne Wenn und Aber Nachdruck verleiht. Eine solche Gegenmacht besteht in dem Bündnis zwischen den »Verdammten der Erde« im Süden und den fortgeschrittenen Schichten und Organisationen der Arbeiterklasse überall auf der Welt. Gegen dieses »Argument« versucht die Bourgeoisie zwar allerlei Gegenargumente aufzubringen, kann diese aber letzten Endes auf intellektuellem Niveau nicht aufrecht erhalten. Da wird z.B. behauptet, dass wir durch das nahtlose Gewebe der Weltgeschichte keinen Riss ziehen können, dass also die Opfer der Pharaonen, die im Sinne des Brechtschen Gedichts »Theben« gebaut haben, ebenso auf Entschädigung bestehen können müssen wie die heutigen Schwarzen in den USA, von denen angenommen werden kann, dass die meisten direkte Abkömmlinge der afrikanischen Sklaven sind, auf deren unfreier Arbeit die sogenannte Demokratie eines George Bush aufgerichtet wurde. Aber wie ist die Nachkommenschaft der ägyptischen Leibeigenen und Sklaven zu bestimmen? Man braucht die Frage nur so zu formulieren, um zu wissen, dass es eine absurde Frage ist, auf die keine gescheite Antwort gegeben werden kann. Aber wir brauchen sie gar nicht zu stellen: Balzac, glaube ich, hat einmal behauptet, dass am Anfang jedes großen Vermögens ein großes Verbrechen steht. Ich möchte diese Feststellung so auslegen, dass man behaupten kann: Alle herrschenden Schichten der Weltgeschichte werden durch eine Kette von kriminellen Taten aneinander gefesselt; keine von ihnen kann sich von der moralischen Bürde des Eigentums befreien. Die erste Handlung, wodurch ein Mensch unterjocht und ausgebeutet wurde, indem nämlich das Mehrprodukt aus den Händen der Kollektivproduzenten enteignet wurde, hat diese moralische Last den ausbeuterischen Klassen aufgebürdet. Wir könnten auch sagen: Adel verpflichtet unbedingt!

Das Kapital als Erbsünde also? Weil wir die Geschichte nicht als Sittenpredigt verstehen wollen, müssen wir diese Frage mit einem entschiedenen Nein beantworten. Nein in erster Linie, weil wir auf theoretisch-methodologischem Gebiet nicht mit anachronistischen Kriterien urteilen sollen. Nein aber auch im historiographischen Sinne, weil das Faustische Bild des Kapitalisten, das von Marx und Engels im Kommunistischen Manifest so lyrisch gerühmt wurde, erst heute in all seiner Pracht offenbar wird. Durch die Erfindungs- und Unternehmerlust, die durch das Werden des kapitalistischen Systems beim Menschen ausgelöst wird, entsteht zum ersten Mal die

Möglichkeit der Befreiung der ganzen Menschheit von den Zwängen der Natur, die Möglichkeit also, sich der schöpferischen Dimension des menschlichen Wesens völlig hinzugeben. Diese Kraft wird die Zukunft auf jeden Fall beibehalten wollen. Auf die Frage, wie dies zu erreichen ist, ohne dass die Kluft zwischen technologischem Können und sittlicher Rückständigkeit immer größer wird, brauchen wir hier nicht einzugehen. Es genügt, wenn wir ganz klar sagen, dass eine radikal neue Auffassung der Kategorie »Bildung« für die Erlangung der anzustrebenden Symmetrie notwendig wäre.

Reform und Revolution

Durch die Klassenkämpfe und Revolutionen der Vergangenheit sind Bewusstseinsverschiebungen herbeigeführt worden, welche es uns ermöglichen, die Schuldfrage als Sittenkategorie zu erörtern. Das heißt also: Anstatt dass wir die Frage als ökonomische Kategorie auffassen, wie es die Bourgeoisie und ihre Propagandisten immer tun, sollten wir davon ausgehen, dass das kapitalistische System wie jede andere Klassengesellschaft das Kainsmal trägt. Denn die menschliche Geschichte ist tatsächlich ein nahtloses Gewebe. Auch die Unterdrückten werden von den Ketten der Ausbeutung aneinander gebunden. Das ist der Grund, warum mit Recht behauptet werden kann, dass die Entschädigungsfrage sich im Grunde nur als eine Frage der globalen Umverteilung sinnvoll stellen lässt. Utopie? Romantik? Vor hundert Jahren hätten wir uns diese Einwände durchaus überlegen müssen.

Heute aber herrschen ganz andere Bedingungen auf der »Einen Welt«. Die Produktivkräfte der Weltwirtschaft haben sich dermaßen entwickelt, dass es überhaupt keinen Grund gibt, warum wir eine globale Umverteilung von materiellen Ressourcen nicht vorschlagen sollen. Die Bourgeoisie selber behauptet ja, dass dies der Zweck der Globalisierung sei, dass sich also alle Länder und alle Menschen am unerschöpflichen Reichtum beteiligen und dass allen gleiche Lebenschancen zugänglich sein sollen. Dass sich diese Forderung theoretisch realisieren lässt, wissen wir schon seit Jahrzehnten. Das Problem liegt, wie uns von allerlei Opportunisten eingeredet wird, in der politischen Praxis, in den Realitäten des kapitalistischen Systems, die sich nicht umschiffen lassen. Auf Bismarcks Definition, Politik sei die Kunst des Möglichen, hat aber Lenin bekanntlich geantwortet, Revolution sei die Kunst des Unmöglichen.

Wie gehen wir also an die Frage heran? Wir müssen, glaube ich, zunächst zwischen der neueren und der älteren Geschichte unterscheiden. Wo es sich eindeutig um die Wiederherstellung von Gemeinschaften handelt, denen durch Krieg oder durch andere politisch motivierte Handlungen Unrecht widerfahren ist, soll durchaus auf Entschädigung innerhalb der Rahmenbedingungen des existierenden Systems bestanden werden. Was aber nicht heißen kann, dass wir die Reproduktion der sozialen Ungleichheit des status quo ante gutheißen sollten.[6] Solche Situationen ereignen sich jeden Tag in den destabilisierten Staaten Afrikas und anderer Regionen (im Balkan, Asien usw.). Ich bin neulich selber an einer solchen Wiedergutmachungsaktion beteiligt gewesen.[7] Weil wir im Rahmen einer sehr günstigen politischen Lage handelten, haben wir darauf bestehen können, dass die Bedingungen, die vor dem Landraub bestanden, nicht wieder hergestellt werden sollten. Wir bestanden darauf, dass das Terrain dazu benutzt werden sollte, für ArbeiterInnen Wohnungen in der Nähe der Innenstadt zu errichten und dass die Ansprüche der nachweisbaren oder beglaubigten Opfer Priorität genießen sollten. Auf der Grundlage dieser Prinzipien wird heute in Kapstadt ein (allerdings noch umstrittenes) Modellwohngebiet geplant. Um es noch einmal ganz klar zu sagen: Als Sozialisten und Sozialistinnen sind wir dazu verpflichtet, Entschädigungsfragen, die im Laufe der neueren oder der Zeitgeschichte entstanden sind, zugleich als Fragen zu betrachten, die aus der Widersprüchlichkeit der kapitalistischen Entwicklung hervorgehen, die aber so behandelt werden können, dass durch die Suche nach einer Lösung wichtige Reformen entstehen können. Sie sind ganz praktische Fragen, die das Schicksal von Menschen berühren, die in der Gegenwart leben. Auf sie können wir nicht mit leeren Parolen reagieren. Wir müssen also ganz im Sinne des Klassenkampfes handeln, wenn wir nicht in die Fallstricke des Reformismus geraten wollen.

Bei der Behandlung der älteren Geschichte können wir selbstverständlich diese Vorgehensweise so nicht anwenden. In diesem Falle kommt die

---

[6] Wir lehnen beispielsweise einen Vorschlag wie folgenden (von der NGO »Human Rights Watch«) ab: »By ›reparations‹ we mean not only compensation but also acknowledgment of past abuses, an end to ongoing abuses, and, *as much as possible, restoration of the state of affairs that would have prevailed had there been no abuses.*« Human Rights Watch: *An Approach to Reparations,* New York etc.: Human Rights Watch, 2001 (Internet Version).

[7] Es handelt sich um den Fall der »District Six Land Restitution« in Kapstadt (Südafrika).

Entschädigung von Individuen nicht in Frage, nicht nur weil die Kontinuität der Benachteiligung in solchen Fällen – trotz der Romantik, die Quasibiographien wie Alex Haleys *Roots*[8] innewohnt – schwerlich nachweisbar ist, sondern vor allem weil die Geldsummen, die dabei einbegriffen sind, von keinen vermeintlichen Tätern zurückgeholt werden können. Wir müssen also die Frage als einen Fall von kollektiver Wiedergutmachung betrachten. Dabei wird ausschlaggebend, wie die Täter einerseits und die Opfer andererseits bestimmt werden.

Ich gehe in dieser Hinsicht davon aus, dass der historische Materialismus als analytisches Instrument uns am besten zu einer verantwortbaren Lösung dieses Problems verhelfen kann. Indem wir also die kausale Bedeutung der Sklaverei und des Sklavenhandels für das Werden des kapitalistischen Systems und der Moderne überhaupt feststellen, können wir eine Antwort auf die Frage andeuten. Wegen des Fortschritts, den die historische Forschung auf diesem Gebiet gemacht hat, kommen wir nicht umhin, die Schuldfrage unter dem Gesichtspunkt einer humanistischen Sittenlehre zu analysieren. Das heißt, wir *müssen* heute die Schuldfrage als eine »nicht-nur-ökonomische Kategorie« behandeln. Dadurch wird die Entschuldung als internationales Erfordernis kategorisch auf eine ganz andere Ebene gehoben. Indem wir die Problemstellung auf diese Weise präzisieren und umorientieren, weist die Kompassnadel im Bereich der Schuldfrage plötzlich nach Norden statt nach Süden, wie sie es aufgrund der ungleichen Verteilung der globalen Macht zu tun pflegt! In diesem ganz spezifischen Sinne wird die Weltgeschichte zum Weltgericht. Micha Brumlik ist dieser Art der Problemstellung in einem am 8. September 2001 veröffentlichten Artikel am nächsten gekommen, als er schrieb:

»Die Fülle individuellen Leids, ökologischer, ökonomischer und moralischer Verwüstung, die der transatlantische Sklavenhandel verursacht hat, erweist ihn als ein weitgehend verdrängtes Trauma der nordatlantischen Welt im Zeitalter ihrer Formation. Als frühe Variation der Globalisierung hat er das Antlitz der von ihm betroffenen Gesellschaften, zumal jener, die Sklaven importierten, bis heute verzerrt. Inwieweit diese Schäden finanziell abzugelten sind, ist nicht nur aus juristischen Gründen schwer zu ermessen. Mit dem Sklavenhandel stellt sich ein geschichtsphilosophisches Problem, das mit Ausnahme von Hermann Lübbe (*Ich entschuldige mich*) noch kaum

---

[8] Haley, Alex: *Wurzeln,* Frankfurt/M.: S. Fischer Verlag, 1977. 1. Ausg.: *Roots,* Garden City, New York, 1976.

jemand behandelt hat: einer moralischen Ökonomie der Weltgesellschaft, ihrer arbeitsteiligen Täterschaft und der sinnvollen Zurechnung vergangener Schuld.«[9]

Im Bereich der gesellschaftswissenschaftlichen Theorie gelangen wir durch diese methodologische Vorgehensweise zu der Einsicht, dass die Erforschung der Ursachen des Rassismus sich nicht auf die Frage des Missbrauchs von wahrgenommenen phänotypischen oder kulturbedingten unterschiedlichen Merkmalen und ethnozentrischen Vorurteilen beschränken kann. Sie muss letzten Endes auf die Analyse der Klassenfrage eingehen. Denn es ist klar, dass es nicht irgendein homogenes »Europa« war, das »Afrika« oder »Asien« oder »Südamerika« eroberte, unterjochte und ausbeutete.[10] Es waren eben die herrschenden Klassen (oder die dominanten Schichten), die sich in erster Linie als Gesellschaften mit beschränkter Haftung organisierten, um die Reichtümer der übrigen Welt für sich herzuholen. Nun haben sie dies leider nicht selber tun können, weil es ja nur wenige von ihnen gab; deswegen haben sie die unteren Klassen, vor allem die Männer dieser Klassen als Soldaten, Verwalter und Missionare benutzt, um diese sogenannte *mission civilisatrice* auszuführen.

Vor dem Anfang des Zweiten Weltkriegs, das heißt vor Beginn der antikolonialen Kämpfe in Asien und in Afrika haben auch Marxisten und Marxistinnen die »ökologische, ökonomische und moralische Verwüstung«, die durch den Kolonialismus und den Imperialismus den betreffenden Ländern zugefügt wurde, als unbeabsichtigten zusätzlichen Schaden (»*collateral damage*«) des sozialen und historischen Fortschritts oder gar der »Zivilisation« abgetan. Es stimmt auch irgendwie, dass der sogenannte Fortschritt bei dem tatsächlichen Mangel an historischer Perspektive des handelnden Subjekts[11] vor dem Zeitalter der mikroelektronischen Revolution nur auf

---

[9] Brumlik, Micha: »Entzauberung der NGOs. Die moralische Ökonomie der Weltgesellschaft in Durban«, in: *Frankfurter Rundschau*, Jg. 57, Nr. 209/36, Samstag, 8. September 2001, S. 17 (Feuilleton).

[10] Deshalb halte ich die Schlusserklärung der NGOs bei der Durbaner Konferenz für unzulänglich. Darin heißt es u. a.: »Slave-holder nations, colonizers and occupying countries have unjustly enriched themselves at the expense of those people that they enslaved and colonized and whose land they have occupied. As these nations largely owe their political, economic and social domination to the exploitation of Africa, Africans and Africans in the Diaspora they should recognize their obligation to provide these victims just and equitable reparations.«

[11] So ist m.E. Hannah Arendts Hinweis auf »die Banalität des Bösen« zu verstehen.

der Grundlage der Ausbeutung von benachteiligten unteren Klassen durch eine herrschende Klasse geschehen konnte, da er notgedrungen von dem Vorhandensein des sozialen Mehrprodukts abhängt. Nur dies ermöglicht ja das Zustandekommen der feinen Leute jener »müßigen Klasse« (*leisure class*), die sich ganz der Suche nach »Verbesserungen« in der Technik sowie in der Organisation von Arbeit und Gesellschaft widmen kann.

Die fortschrittlichen Kräfte der modernen Welt, die sich tausendfach in Gewerkschaften, Arbeiter- und sozialistischen Parteien sowie in unzähligen sozialen Bewegungen organisiert haben, stellen heute die »beschränkte Haftung« der herrschenden Klassen in Frage. Diese sind es nämlich, die für die Geschichte des modernen Rassismus verantwortlich und deswegen verantwortbar sind. Dass die unteren Klassen der europäischen und nordamerikanischen Staaten, die von diesen Klassen beherrscht wurden, auch Nutznießer dieser Gewaltregimes waren, steht ohne Zweifel fest. Man denkt an Lenins Analyse dessen, was er »Sozialimperialismus« nannte. Ich werde mir die Analyse der vielen vorgeschlagenen Entschädigungsmechanismen, die heute zur Debatte stehen, ersparen.

Wir müssen bei dieser Diskussion an zwei wichtigen Prinzipien festhalten. Es soll erstens ein internationaler Fonds bzw. eine Reihe von internationalen Fonds geschaffen werden, die von den Ländern des Nordens finanziert werden sollen. Die Erträge dieser Fonds sollen in jedem einzelnen betroffenen Land des Südens nach gründlichen Untersuchungen durch international zusammengesetzte Forschungsteams für ganz deutlich beschriebene Projekte mit geplanter längerfristiger und anhaltender Wirkung benutzt werden. Ich glaube schon, dass die Betonung von Bildungs-, Ausbildungs-, Gesundheits- und Infrastrukturprojekten, die von den meisten Beteiligten vorgeschlagen werden, richtig ist, aber genauere Erforschung der einzelnen Situationen ist in allen Fällen erforderlich. Diese Gelder sollen nicht von den jeweiligen Regierungen, sondern von akzeptablen internationalen NGOs verwaltet werden. Es sollen Kriterien und Überwachungsmechanismen formuliert werden, die garantieren, dass nicht die unvermeidliche Bürokratie dieses Umverteilungsprozesses, sondern eben die Zielbevölkerung aus der Geschichte den Vorteil zieht.

Wir dürfen zweitens die marxistische Analyse moderner kapitalistischer Gesellschaften nicht aufgeben. Das heißt, wir sollen nicht vergessen, dass jedes Umverteilungsprojekt, das im Rahmen des kapitalistischen Systems selber unternommen wird, letzten Endes von der Logik des Systems vereinnahmt wird. Aus diesem Grunde muss jeder Versuch dieser Art Hand in

Hand mit der Vernetzung der revolutionären Kräfte der arbeitenden Klassen und anderen ausgebeuteten Schichten gehen. Diese Vernetzung wiederum kann nur dann gesellschaftsverändernde Folgen haben, wenn sie zum Zusammenschluss aller revolutionären sozialistischen Parteien und Tendenzen führt. Es ist heute klarer denn je zuvor, dass das kapitalistische System nicht wegen einer ihm innewohnenden Logik in sich zusammenbrechen wird. Der subjektive Faktor ist hierfür ausschlaggebend. Zur Zeit aber sind die sozialistisch orientierten Organisationen und Gruppierungen im großen und ganzen verwirrt und deprimiert, weil es dem Sozialismus als Alternative zum Kapitalismus an Glaubwürdigkeit fehlt. Wir brauchen heute also eine Renaissance sozialistischen Gedankenguts. Eine Gesellschaftsordnung jenseits des Kapitalismus ist nicht nur denkbar, sie ist geradezu unerlässlich, wenn wir die zivilisatorischen Errungenschaften der menschlichen Evolution vor der Barbarei der neoliberalen sogenannten neuen Weltordnung retten wollen, wenn wir das Überleben des Menschen und des Lebens schlechthin gewährleisten wollen.

Gerade in dem Augenblick, wo es keinen Ausweg zu geben scheint, ist die Vision gesellschaftlicher Alternativen erforderlich. Die Entschädigungsfrage bietet revolutionären Sozialisten und Sozialistinnen die einmalige Gelegenheit, diese alternativen Perspektiven wieder in das Bewusstsein sämtlicher gesellschaftlicher Schichten und organisierter Gruppen eingehen zu lassen und eine Debatte auszulösen, wo es um Leben und Tod, um Stagnation und Rückgang einerseits oder Fortschritt andererseits und um den philosophischen Fatalismus oder schöpferische Denkweisen geht. In einem solchen historischen Augenblick können wir das Wertvollste im Tresor des sozialistischen Gedankenguts wiederbeleben, um so eine massive Wirkung auf die moderne Geschichte auszuüben. Wenn uns dies nicht gelingen sollte, stehen uns, wie ich die Dinge sehe, eine Abart des Nazi-Faschismus im Norden des Globus und verschiedene Formen von völkermordähnlichen Gesellschaften im Süden bevor.

Es geht darum, den Gedanken an eine »moralische Ökonomie der Weltgesellschaft« zum Alltagsdiskurs werden zu lassen. Dabei stellt der Kampf um Entschuldung des Südens von der sittenwidrigen Schuld der Strukturanpassungsprogramme der internationalen Finanzinstitutionen erst den Anfang eines jahrhundertelangen Kampfes für das Zustandekommen einer wirklich neuen Weltordnung dar. Diese Perspektive, die auch bei punktuellen Entschädigungsepisoden, beispielsweise der Entschädigung der Opfer der Nazisklavenlager oder des Apartheidregimes, deutlicher wird und sie als zunehmend machbar erscheinen lässt, weist über die Schranken des kapitalistischen Systems hinaus. Wir sollten also auf diesen Grundlagen weiterbauen, den neuen Formen des Imperialismus entgegentreten und den Internationalismus auf allen Ebenen des gesellschaftlichen Lebens fördern. Erlaubt mir bitte, meinen Beitrag mit den geflügelten Worten von Helmut Dahmer zu beenden:

»Die soziale Entwicklung hat seit langem alle Gemeinschaften, alle ethnischen Gruppen und Nationen aufgebrochen und sie zu einem einzigen Weltmarkt verbunden. Die Tatsache, dass die meisten Individuen auf der Ebene der Psychodynamik immer noch an eine exklusive nationale Identität fixiert bleiben, könnte sich als fataler ›cultural lag‹ herausstellen. Aber der ökonomische Fortschritt hat auch zerstörerische Seiten und daher klammern sich die Menschen – mit einer Mischung aus Nostalgie und Fanatismus – an traditionelle, unzeitgemäße Formen zwischenmenschlicher Beziehungen. Deshalb bringt jede neue soziale Krise eine neue Welle nationalistischer Regression (politischen Ethnozentrismus) hervor.

(...) Jeder kulturelle Fortschritt, der diesen Namen verdient, schließt die Aneignung neuer ›Idiosynkrasien‹ ein. Frühere Generationen haben es geschafft, den Kannibalismus, die Blutschande und die Sklaverei abzuschütteln. Es ist unsere historische Aufgabe, den Antisemitismus und den gegenwärtigen, generalisierten Antisemitismus, nämlich den Fremdenhass, in Misskredit zu bringen. Ihn zu ächten, um es zukünftigen Generationen zu ermöglichen, auf unsere Gegenwart als ihre Vorgeschichte mit Aversion und Abscheu zurückzublicken.«[12]

---

[12] Dahmer, Helmut: »Antisemitism and Xenophobia. How to Solve the Riddle of the Sphinx«, in: *The Australian Journal of Jewish Studies,* Clayton, Victoria, Bd. XV, 2001, S. 72-87, hier S. 84: »Social evolution has long since opened up all communities, all ethnic groups and nations, and joined them to a single world market. The fact that, at the level of psychodynamics, most individual human beings stay fixated to an exclusive national identity could turn out to be a fatal cultural lag. But economic progress is destructive and, hence, people cling – with a mixture of nostalgia and fanaticism – to traditional outdated forms of human relations. Therefore every new social crisis produces a new wave of nationalist regression (political ethnocentrism). (...) Any cultural progress deserving the name involves the acquisition of new ›idiosyncracies‹. Previous generations have managed to shake off cannibalism, vendetta and slavery. It is our historical task to bring antisemitism and the contemporary generalized antisemitism, namely, xenophobia, into contempt; to outlaw it in order to enable future generations to look back to our present, their prehistory, with aversion and disgust.«

Diskussion

Peter-Anton von Arnim: Es wäre genauer zu klären: Wer sind die Opfer, wer ihre Nachfahren? Zum Beispiel trafen die Kolonialisten auch auf afrikanische Strukturen einer Sklavenhaltergesellschaft und somit auf afrikanische Kollaborateure, die natürlich auch afrikanische Nachfahren haben. Wem also kommt das moralische Recht zu, Entschädigung zu beanspruchen?

Neville Alexander: Es ist erforderlich, hierbei die Klassenfrage zu stellen. Die Entschädigungsforderung läuft auf die Forderung nach einer globalen Umverteilung hinaus. Auch heute gibt es Gesellschaftsschichten in den ehemaligen Kolonien und immer noch abhängigen Ländern, die mit den imperialistischen Mächten kollaborieren – sie müssen zur Entschädigung mit herangezogen werden. Welche Instanz darüber entscheiden kann, ist eine schwierige Frage. Gleichwohl ist es für die Entwicklung von politischem Bewusstsein wichtig, diese Frage aufzuwerfen. So können neue Kämpfe und neue Perspektiven jenseits des Kapitalismus entwickelt werden.

Eine Teilnehmerin: Es fehlte im Referat eine wichtige Facette der Realität, die Frauen als »letzte Kolonie«, deren Arbeit ohne jede Bezahlung oder Entschädigung ausgenutzt wurde und noch ausgenutzt wird, so wie heute die der Näherinnen in den armen Ländern des Südens. Ich bin einverstanden damit, dass es wichtig ist, Einsichten in die Ökonomie, in die bestehenden Ausbeutungsmechanismen zu vermitteln, wie dies u.a. durch Attac geschieht.

Neville Alexander: Dem stimme ich uneingeschränkt zu. Es ist wichtig, die Möglichkeiten der »Informationsgesellschaft« für die Aufklärung zu nutzen.

Ein Teilnehmer: Wie soll das mit dem internationalen Entschädigungsfonds funktionieren, wer soll da einzahlen? Ist das nach dem Modell der Entschädigung für die NS-Zwangsarbeiter gedacht? Oder soll die von der Bewegung gegen die neoliberale Globalisierung bzw. von Attac geforderte Tobinsteuer dazu herangezogen werden?

Eine Journalistin aus Köln: Wo sind überhaupt die Kräfte, die solche Fragen stellen?

Neville Alexander: Eine historische Sichtweise zu verbreiten, kann ein wichtiger Auslöser für die Entwicklung von Bewusstsein sein. In der Konsequenz weist das dann über den Kapitalismus hinaus.

Detlef: Karl Marx hat die politische Ökonomie des Kapitalismus kritisiert und daraus abgeleitet, dass ein anderes, höheres System kommen muss. Hierfür aber musste er auch von moralischen Kriterien ausgehen, von einem bestimmten Menschenbild.

Manuel Kellner: Hieran sollte auch eine kritische Rezeption von Marx anknüpfen, der in dieser Hinsicht etwas zwiespältig war: Einerseits hat er aus seiner Auffassung vom Wesen des Menschen ethische Maßstäbe abgeleitet, andererseits manchmal auch so formuliert, als sei die neue sozialistische Gesellschaft unausweichliche Konsequenz der bestehenden Gesellschaft.

Neville Alexander: Natürlich ist eine teleologische Auffassung von Geschichte falsch; ob Ökonomie und Moral »kompatibel« sind, ist nicht die Frage. Natürlich muss ein System, das für die Menschen funktionieren soll, per definitionem eine Ökonomie haben, die mit der Moral kompatibel ist, die nicht auf Ausbeutung und Unterdrückung beruht. Im Kapitalismus sind Ökonomie und Moral nicht kompatibel, schon weil der historische Ausgangspunkt dieses Systems die Klassenteilung ist.

Tobias Michel: Auch wenn man die Klassenfrage heranzieht, scheint mir die Frage nicht so einfach geklärt zu sein, wer etwas zurückzugeben hat und wer die Profiteure sind. Erfahrungen mit der deutschen Arbeiterklasse etwa werfen das Problem auf, ob nicht auch innerhalb der Klasse der abhängig Beschäftigten der reichen Industrieländer eine Menge Leute zu den Profiteuren dieser Geschichte und der Weltverhältnisse zu zählen sind, die sich aus dieser Geschichte entwickelt haben.

Neville Alexander: Als Faustregel sollte dennoch die Parole dienen: »Die Reichen sollen zahlen!« Sie waren auch die Profiteure der Apartheid in Südafrika.

Ilona (vom Solidaritätsdienst International): Ich bin damit einverstanden, dass es wichtig ist, die Vorgeschichte des Kapitalismus und ihren Zusammenhang mit der neueren Geschichte des Kapitalismus zum Gemeingut zu machen; das gehört zur notwendigen politischen Aufklärung. Ich habe gleichwohl nicht so gute Erfahrungen mit Diskussionen im NGO-Forum zum Problem des Rassismus gemacht. Natürlich gibt es da sehr viele Gesichtspunkte, die auf realen Verhältnissen beruhen, doch hatte ich oft den Eindruck, dass diese Vielfalt auch der Verkleisterung von Ausbeutungsverhältnissen dienen kann. Es war da viel die Rede von »gender, race, class«, und oft stand dabei die Rassenunterdrückung im Vordergrund und nicht die Klassenfrage.

Neville Alexander: Der Abschlusserklärung würde ich in der Tat auch nicht in jedem Punkt zustimmen; dort findet sich zum Beispiel die vereinfachende Darstellung, die »Nationen« als Täter und Opfer einander gegenüber stellt.

Gabi: Es ist ja nicht so, dass nur diejenigen, die sowieso die Weltrevolution wollen, nach Entschädigung rufen. Auch die *Financial Times* ruft nach Entschädigung. Es gibt auch in den reichen Industrieländern inzwischen Stadteile der Armen, in denen die Lebenserwartung nur 40 Jahre beträgt. Das zeigt sehr klar wie falsch die Forderung wäre, dass die Armen der reichen Länder Entschädigung zahlen sollten, indem sozusagen »Nationen« als eine Art »Solidargemeinschaften« in die Pflicht genommen würden. Ein bedenkenswerter, hier noch nicht erwähnter Ansatz sind die Kooperativen und die selbstverwalteten Betriebe, die förderungswürdig sind, und die Ansätze fairen Handels wie etwa das GEPA-Projekt.

Manuela Bojadzijev: Ich finde es falsch, die Kategorien des Rassismus und des Klassenwiderspruchs gegeneinander auszuspielen. Das liefe auf die Theorie von einem »Hauptwiderspruch« hinaus, wobei dann der eine Widerspruch die Funktion hätte, den anderen zu »überdecken«, zu verschleiern. Ich denke dabei zum Beispiel an die deutsche Arbeiterklasse und ihr Verhältnis zu den Immigrantinnen und Immigranten, und da geht es auch um soziale Fragen. In manchen Zusammenhängen ist es tatsächlich gut, die Klassenfrage als entscheidende Frage in den Vordergrund zu stellen, aber gerade in dem Zusammenhang der hier diskutierten Frage der Entschädigung der Opfer des Rassismus ist das nicht produktiv.

Neville Alexander: Der Rassismus wurzelt zwar nicht in der Arbeiterklasse, dennoch finden sich auch in dieser Klasse Bewusstseinsstrukturen, die sie für den Rassismus anfällig machten. In der Gewerkschaftsbewegung gibt es antirassistische Ansätze, vielfach gibt es sie aber auch nicht. Es geht darum analytisch herauszuarbeiten, wie rassistisches Bewusstsein geschaffen und in der Klasse zu einem dauerhaft wirkenden Phänomen wird. Gleichzeitig stimmt aber auch, dass das Kapital den Rassismus benutzt, um die Klasse zu spalten. Beides ist wahr; da gibt es kein Entweder/Oder. Gleichwohl ist die einzig gerechte Schlussfolgerung, dass die Reichen, die Kapitalisten zahlen sollen. Ich bin auch damit einverstanden, dass es wichtig ist, die bestehenden Ansätze von Kooperativen und selbstverwalteten Projekten zu untersuchen und sie zu fördern.

Peter-Anton von Arnim

Warum Deutschland sich an Goethes Verhalten zum Islam orientieren sollte

Vielleicht ist das Thema, so gestellt, ein wenig zu abstrakt, denn wer ist Deutschland? Ich möchte es also etwas einschränken und umformulieren in die Frage: Warum sollten *wir* uns an Goethes Verhalten zum Islam orientieren? Wobei ich mit »wir« zunächst einmal durchaus uns, d.h. die hier Anwesenden meine, dann aber diejenigen deutschen Intellektuellen im Allgemeinen, die dem Gedanken des Humanismus verpflichtet sind. Denn aus eigener Erfahrung weiß ich, dass es gar nicht so leicht ist, dem Bann des Klischees der absoluten Fremdheit zu entgehen, das für uns über dem Islam liegt, so tolerant wir uns auch dünken mögen. Und wenn vom Islam die Rede ist, denke ich hier zunächst einmal nicht an Deutschlands Beziehungen zu sogenannten islamischen Ländern wie Saudi-Arabien oder Kuweit beispielsweise – das möge vorerst den Möllemanns und Schreibers überlassen bleiben. Sondern ich denke an die über drei Millionen Muslime, die in Deutschland leben. Sie werden auch für die Wohlmeinendsten unter uns Fremde bleiben, wenn wir uns nicht bemühen, vom Islam etwas verstehen zu lernen. Ein solches Versäumnis kann zu einer Gefahr werden. Denn Solidarität hat auch etwas mit Gefühlen zu tun, das heißt, man kann sich für Minderheiten, die von Staats wegen diskriminiert und von den Behörden schikaniert und verfolgt werden, nicht voll einsetzen, wenn man selbst ihnen gegenüber das Gefühl der Fremdheit nicht überwunden hat. Die Gleichgültigkeit einer Mehrheit der Deutschen gegenüber dem Abtransport der Juden durch die Nazis, dem eine jahrhundertealte, von den Kirchen eingeübte Gleichgültigkeit gegenüber dem Schicksal der Juden in den Ghettos vorausging, sollte uns eine Warnung sein.

Bevor ich auf das eigentliche Thema eingehe, möchte ich zwei Dinge vorausschicken:

1) In der Einladung zu diesem Seminar ist darauf hingewiesen worden, dass ich in meinem Nachwort zu dem von mir herausgegebenen und bearbeiteten Buch von Katharina Mommsen über »Goethe und der Islam« dargestellt habe, wie in der gängigen Rezeption der Werke Goethes dessen

hohe Wertschätzung des Islam wie ein heißes Eisen umgangen bzw. verschwiegen worden ist. In meinem Nachwort bin ich damit der deutschen Zunft der Germanisten in der Tat mächtig auf die Füße getreten. Dazu gab es ein kleines Nachspiel. In der FAZ erschien nämlich ein Aufschrei des Protests in Form einer Rezension von einem gewissen Professor Dietrich Borchmeyer, der als großer Goethe-Kenner gilt. Er konnte nicht umhin, die inzwischen allgemein als Pionierleistung anerkannte und nun in Neuauflage erschienene Originalausgabe des Buches von Katharina Mommsen »Goethe und die arabische Welt«, aufs Höchste zu loben. Umso schärfer geht er mit mir als dem Herausgeber der unter dem Titel »Goethe und der Islam« erschienenen Taschenbuchausgabe und als dem Verfasser des Nachworts ins Gericht, »einer intellektuell schlichten Predigt«, in der man, wie er meint, über Goethe nichts erfährt, wogegen sie vielmehr »einen unangenehmen Beigeschmack« habe, da ich damit, wie er zu Recht bemerkt, eine außerphilologische Absicht verfolge. Mein Verbrechen besteht für ihn darin, dass ich Goethe aus dem geheiligten Bezirk der Ästhetik herabgezogen habe in den Schmutz deutscher Tagespolitik wie etwa durch die Erwähnung der Abschiebung sudanesischer Muslime in den terroristischen Gottesstaat Sudan durch die Bundesregierung. Die Rezension liest sich wie ein verzweifelter Versuch, das über Goethes Verhältnis zum Islam liegende Tabu um jeden Preis zu retten, indem der ehrenwerte Professor behauptet, Goethes Verhältnis zur vorislamischen Poesie der Araber sei im Grunde für diesen wichtiger gewesen als das zur, wie er sich ausdrückt, »muslimischen« Religion, dass ich also, durch Kürzung der entsprechenden Kapitel, das Buch erheblich beschädigt habe. Wie gesagt, er spricht von »muslimischer Religion«, das Wort Islam kommt ihm nicht in die Feder. Und er macht Goethe selbst zu einer Spottfigur, indem er seiner Rezension den Titel gibt: »Der Dichter als Muselmann«. Wer erinnert sich nicht an das törichte Kinderlied: »Sei doch kein Muselmann, der das nicht lassen kann!«? Welch ein schrecklicher Gedanke muss es offenbar für die Gralshüter der deutschen Nationalliteratur sein: Goethe ein Verehrer Allahs? Da sei Gott vor!

2) Nun hat aber Goethe, und damit komme ich zu meiner zweiten Vorbemerkung, den Vierzeiler gedichtet, mit dem er zu entschiedener Toleranz auffordert:

»Närrisch, dass jeder in seinem Falle
Seine besondere Meinung preist!
Wenn Islam Gott ergeben heißt,
Im Islam leben und sterben wir alle.«

Bei Goethe kommt der Begriff »Gott« relativ häufig vor, und dies naturgemäß insbesondere im Zusammenhang mit seinen Stellungnahmen zum Islam. Damit mag nun der oder die eine oder andere unter uns Schwierigkeiten haben, denn haben wir nicht inzwischen gelernt: »Die Kritik der Religion ist die Voraussetzung aller Kritik« (Marx)[1]? Wem also Goethe gerade in diesem Punkt fremd ist oder wer gar den Verdacht hegt, durch den Umweg über Goethe solle hier einer neuen, obskurantistischen Religiosität das Wort geredet werden, welche dieser Tage im Zuge einer unsicheren Weltlage wieder groß in Schwang kommt, der wird auch seine Schwierigkeiten haben mit Goethe als Führer in die Welt des Islam. Ich kann hier nur andeutungsweise einen Hinweis geben darauf, dass, wer so denkt, an der Sache vorbeigeht. (Ganz zu schweigen von einem sich als Religionskritik gerierenden Schwachsinn von einem gewissen Gerhard Henschel in der Ausgabe vom Dezember 2001 der Zeitschrift *Konkret,* die dem Thema »Krieg, Koran und Kapital« gewidmet ist: »Der Koran ist nur ein langes und langweiliges Gekeife selbstgerechter Miesepeter, die den Juden, Christen und überhaupt jedermann außerhalb ihrer Glaubensgemeinschaft die Butter auf dem Brot nicht gönnten und überhaupt davon träumten, allen Ungläubigen zur höheren Ehre Gottes kochendes Wasser über den Kopf zu gießen.«)

Denn Goethes Gott war nicht der *deus absconditus,* der verborgene Gott der Obskurantisten, sondern der *deus sive natura,* der weltimmanente, sich in der Natur offenbarende Gott seines Lieblingsphilosophen, des Aufklärers Spinoza. (Wie der Islam, so war und ist übrigens auch der Name des Juden Spinoza für die Mehrheit der Germanisten ein streng bewahrtes Tabu). Wie Kenner wissen, führt von Spinoza über Goethe und Hegel eine direkte Verbindungslinie zur Gedankenwelt jenes Karl Marx, der als einer der schärfsten Kritiker der Religion gilt. Hier war gestern von Optimismus und Pessi-

[1] »Wie gesagt, auch uns ist es darum zu tun, die Haltlosigkeit, die innere Leere, den geistigen Tod, die Unwahrhaftigkeit des Zeitalters zu bekämpfen; mit allen diesen Dingen führen wir einen Kampf auf Leben und Tod, ebenso wie Carlyle, und haben mehr Wahrscheinlichkeit des Erfolgs für uns als er, weil wir wissen, was wir wollen. Wir wollen den Atheismus, wie ihn Carlyle schildert, aufheben, indem wir dem Menschen den Gehalt wiedergeben, den er durch die Religion verloren hat; nicht als einen göttlichen, sondern als einen menschlichen Inhalt, und die ganze Wiedergabe beschränkt sich einfach auf die Erweckung des Selbstbewußtseins.« (Friedrich Engels, »Die Lage Englands«, Januar 1844, in: MEW, Bd. 1, S. 544/545.)

mismus die Rede. Für Goethe stand »sich Gott ergeben« oder »Islam« synonym für Ergebung ins Schicksal, was aber für ihn keine passive, pessimistische Resignation bedeutete, sondern den Ansporn zu einem entschlussfreudigen Handeln, wie das Goethe als positiven Zug am Islam hervorhob und Marx das seinerseits an Goethe schätzte.

Für Goethe bedeutete Optimismus nicht Schönfärberei, sondern: »À la guerre comme à la guerre!« (»wenn man in den Krieg zieht, muss man dafür bereit sein!«). So schreibt Goethe über die Determinationslehre des Islam: »Die Kugel auf der mein Name nicht geschrieben steht wird mich nicht treffen, sagt der Soldat in der Schlacht, und wie sollte er ohne diese Zuversicht in den dringendsten Gefahren Mut und Heiterkeit behalten!«

Obwohl dieses Seminar unter dem Generalthema Rassismus steht, brauchen wir uns hier über die rein akademische Frage, wieweit das Verhältnis der Mehrheitsdeutschen zu den Muslimen in unserem Land unter das Stichwort Rassismus fällt, nicht lang zu unterhalten. Es genügt, sich dessen bewusst zu sein, dass von den Schilys, Stoibers, Becksteins, Schönbohms & Co. die staatliche Diskriminierung von Ausländern, und darunter nach dem 11. September im Besonderen eben gerade der Muslime, gefordert und gefördert wird. Sie werden unter Generalverdacht gestellt. Man will sich offenbar die Möglichkeit offen halten, im Zuge der sich verschärfenden Wirtschaftskrise eine bestimmte Bevölkerungsschicht, Ausländer genannt, als unterdrückte Manövriermasse zu missbrauchen und sie gegen die übrige Arbeiterschaft auszuspielen. Schon ist von Seiten der CSU das Stichwort von Internierungslagern gefallen. Ich weise hiermit nur auf dieses Problem hin, denn über die radikale Verschärfung der bisher schon weitgehend diskriminatorischen und damit rassistischen Ausländergesetze hat uns ja Ulla Jelpke (MdB) in ihrem Referat bereits genauestens unterrichtet. Immerhin mag ein Zitat aus einem Artikel von Dr. Thilo Weichert in der *taz* vom 26.11.2001 in diesem Zusammenhang aufschlussreich sein:

»Die Konsequenzen der geplanten Regelungen sind absehbar: Nach älteren Zahlen war bisher die Beobachtungsdichte des Bundesamtes für Verfassungsschutz bei AusländerInnen schon 20-mal höher als bei Deutschen. Dieser Multiplikator soll künftig weiter gesteigert werden. Während wir Deutsche von Polizei und Geheimdiensten noch relativ unbehelligt bleiben, werden nichtdeutsche MitbürgerInnen deren informationellem Zugriff ausgesetzt sein. Die gesellschaftlichen Konsequenzen sind zu erahnen: Bei der ausländischen Bevölkerung werden sich Angst, Abwehr und Aggression zumindest in Bezug auf Polizei und Geheimdienste verbreiten, *bei den Deut-*

schen wird die Distanzierung zunehmen [Hervorhebung von mir, PA]. Deutsche ohne diese Distanz zu Ausländern, die sich für Befreiungsbewegungen im Ausland und für humane Behandlung im Innern einsetzen, werden miterfasst und ausgegrenzt. Es droht ein Klima, in dem sich terroristische Anschläge gegen Ausländer und von Ausländern vortrefflich entwickeln können.«

Wer gegen die staatlich geförderte Ausländerfeindlichkeit ernsthaft zu Felde ziehen will, der muss sich zunächst einmal über gewisse Denkblokkaden klar werden, denen wir selbst von unserer kulturellen Sozialisation her alle unterliegen. Denn wichtig ist gerade auch für uns, die wir ein anderes Verhältnis der Deutschen zu den sogenannten Ausländern zu befördern suchen als das der Schilys, Becksteins und Co., zu überprüfen, auf welche Weise die Muslime, welche ja bei uns die Mehrheit der sogenannten Ausländer stellen, von uns wahrgenommen werden. Ich möchte das anhand von zwei Beispielen illustrieren:

Als der CDU-Fraktionsvorsitzende Friedrich Merz das Stichwort von einer »deutschen Leitkultur« in Form eines Schlachtrufs ins politische Spiel brachte, gab es zu Recht einen Aufschrei des Protests von Seiten der deutschen Linken, ja auch von Seiten eines Teils der Liberalen. Dabei sind wir uns aber meist gar nicht bewusst, wie stark wir selbst bereits dieser Leitkultur unterliegen.

Bundespräsident Rau steht zwar nicht im Ruf, ein ausgesprochener Linker, aber gewiss auch nicht im Verdacht, ein deutscher Kulturchauvinist zu sein. Im Gegenteil, in seiner Antrittsrede hat er, zum Ärger mancher deutschtümelnden Politiker, dankenswerterweise erklärt, er wolle ein Präsident nicht nur der Deutschen, sondern aller auf deutschem Boden lebenden Menschen sein. In seiner Weihnachtsansprache im letzten Jahr (2000) hat er das aber völlig vergessen, unbewusst eben als Opfer jener deutschen Leitkultur, für die deutsch mit christlich identisch ist.

Bekanntlich bestimmen sich die islamischen wie die jüdischen Monate und Feste nach dem Mond-Zyklus, was zur Folge hat, dass sie im Laufe der Zeit über das uns gewohnte Sonnenjahr gewissermaßen hinwegwandern. So ergab sich im letzten Jahr der seltene Fall, dass das zweitgrößte muslimische Fest, das Fest des Fastenbrechens am Ende des Monats Ramadan, mit dem Weihnachtsfest zusammenfiel. Das Fasten in einer religionsfeindlichen Umgebung ist ja eine nicht gerade leichte Sache! Wäre da in der Weihnachtsansprache des Bundespräsidenten ein Glückwunsch an die über drei Millionen in Deutschland lebenden Muslime nicht angebracht gewesen?

Aber auch das jüdische Chanukka-Fest fiel in diese Zeit. Nun bilden die Juden in Deutschland aus bekanntem, schmerzlichem Grund in unseren Tagen eine verschwindend kleine Minderheit. Aber wäre deren bloßes Vorhandensein nicht Anlass genug gewesen, um sie zu jenem uralten Fest zu beglückwünschen, in welchem sie das Wunder ihres Überlebens als Juden feiern, das sich einst in der hellenischen Antike ereignet hat? Hand aufs Herz: Wem unter uns ist das aufgefallen? Wir leben zwar in einer säkularisierten Gesellschaft, d.h. das Christentum spielt in unserem Alltag kaum noch eine Rolle, dennoch spukt unbemerkt die romantische Identifikation von Christentum und Deutschtum, die bei der Entstehung des deutschen Nationalstaats an der Wiege stand, noch immer in unseren Köpfen herum. Das C im Namen der Parteien CDU/CSU steht ja bekanntlich nicht gerade für eine ausgesprochene Christlichkeit ihrer Politiker, sondern eben für jene deutsche Ideologie vom christlichen Abendland. An Juden und Muslime erinnert man sich bestenfalls bei besonderen Anlässen, im Zivilleben kommen sie bei uns nicht vor. Oder haben Sie beispielsweise je in unseren Kalendern Angaben über islamische oder jüdische Festtage gefunden?

Wenn aber der christdemokratische Autor Alexander Gauland, Herausgeber der MAZ, des märkischen Ablegers der FAZ, kategorisch erklärt, die Türkei habe im Bereich der EU nichts zu suchen, weil sie einem völlig anderen Kulturkreis angehöre, (und das bedeutet für die unter uns lebenden türkischstämmigen Deutschen, dass sie nicht »zu uns« gehören), und ihm der grüne Abgeordnete Cem Özdemir nichts Wesentliches darauf zu erwidern vermag, dann deshalb, weil letzterer nicht weiß oder sich nicht zu sagen traut, dass der Islam wie übrigens auch das Judentum zum europäischen Erbe gehört, und zwar besonders zum Erbe der Aufklärung. Denn ihm als assimiliertem Intellektuellen scheint der Islam eher eine Verlegenheit zu sein. Goethe hingegen erkannte voll Begeisterung im Islam eine ihm verwandte Geisteswelt, was allerdings auch damit zusammenhängt, dass sein Lieblingsphilosoph der von den christlichen Apologeten seiner Zeit als Atheist verpönte Spinoza war, ein Vertreter der Aufklärung, der unter allen europäischen Philosophen das judäo-arabische Erbe am reinsten verkörperte.

Zweites Beispiel: Wie ein solches kollektive Unterbewusstsein sich auch gegen den aufgeklärtesten individuellen Verstand durchsetzen kann, das heißt, welch geradezu hysterische Angst vor dem Islam gerade auch unter sich aufgeklärt gebenden deutschen Intellektuellen herrscht, zeigte sich bei Gelegenheit der Verleihung des Friedenspreises des deutschen Buchhandels an Annemarie Schimmel im Jahre 1998, eine Frau, die mehr als jeder andere Autor in unserem Zeitalter für die Verständigung zwischen Orient und Okzident getan hat. Schon Monate vor der Preisverleihung brach gegen sie ein Sturm von Protesten los, der in Form von Zeitungsartikeln und Leserbriefen sich von Tag zu Tag steigerte, als ginge es darum, den Untergang des christlichen Abendlandes zu verhindern. Dabei waren die bei der Aktion federführenden Akteure keineswegs Anhänger der Partei bibeltreuer Christen. Es waren in erster Linie Liberale bis Linke, die sich dem Prinzip der Toleranz durchaus verpflichtet fühlen. Warum wählten sie sich dann ausgerechnet Annemarie Schimmel zum Objekt ihres Zorns? Gewiss, sie hatte eine missverständliche Äußerung zu Salman Rushdies Roman »Die satanischen Verse« getan, eine Äußerung, die jeder nachvollziehen kann, der einmal unter Muslimen gelebt hat. Eine Zustimmung zum verabscheuungswürdigen Todesurteil gegen Salman Rushdie war damit aber keineswegs intendiert, wie ihre selbstgerechten Kritiker behaupteten.

Wäre es den Protestierenden um die Verteidigung von Menschenrechten gegangen, wie sie vorgaben, so wäre damals in einer weit dringlicheren Angelegenheit ihr Einsatz gefordert gewesen. Denn es waren eben die Monate, in denen sieben Flüchtlinge aus dem Sudan, und zwar Muslime, die vor dem islamistischen Terrorregime in ihrem Heimatland geflohen waren, im Frankfurter Flughafen festgehalten wurden, weil sie in Deutschland Asyl beantragt hatten. Keine Stimme erhob sich jedoch von jener Seite, um diese Flüchtlinge vor der Abschiebung zu bewahren. Hier ging es wohlgemerkt nicht um eine bloße missverständliche Äußerung, hier ging es darum, dass man der eigenen Regierung erlaubte, in einer Nacht-und-Nebel-Aktion das grundgesetzlich garantierte Recht auf Asyl de facto auszuhebeln und politisch Verfolgte ihren Peinigern auszuliefern. Man führt einen Gesinnungsprozess gegen eine verdienstvolle Forscherin und bleibt untätig bei einem im eigenen Land begangenen eklatanten Menschenrechtsverstoß gegen Muslime – welch eine skandalöse Verkehrung der Maßstäbe!

Wenn jedoch schon sich als tolerant verstehende Intellektuelle von solcherart Denkblockaden und antiislamischen Aggressionen beherrscht werden, erscheint das, was an deutschen Stammtischen gedacht und gesagt wird, nicht mehr ganz so fern davon, so absurd und erschreckend es uns auch immer noch vorkommen mag. Auch hierzu ein Beispiel, welches mir als symptomatisch erscheint:

Im Mai dieses Jahres, also noch Monate vor dem ominösen September, wurde im Hessischen Fernsehen ein sogenanntes »Stadtgespräch« gesendet, worin ein Streit geführt wurde um den Bau einer Moschee durch die islamische Ahmadia-Sekte am Rand eines Dorfes in der Nähe von Schlüchtern.

Den Muslimen wurde dies, d.h. das Grundrecht auf freie Religionsausübung, durch die Mehrheit der Bürger unter der Führung des CDU-Bürgermeisters verweigert, und zwar wegen deren angeblicher Intoleranz, so etwa nach dem Motto: »Haltet den Dieb!« Am Schluss der Sendung verstieg sich eine alte Frau zu der Behauptung, wenn in ihrem Dorf eine Moschee gebaut würde, könne sie ja gar nicht mehr ihre Enkel auf die Straße gehen lassen. Waren es denn in Mölln oder Solingen etwa Christenkinder, die in den Flammen umkamen? Bis ins 19. Jahrhundert hinein galten die Juden als diejenigen, welche aus rituellen Gründen kleine Kinder abschlachteten, man wusste nicht etwa umgekehrt etwas von der Tatsache, dass christliche Mitbürger Juden misshandelten und umbrachten. Ja selbst heute noch, über fünfzig Jahre nach Auschwitz, wird von deutschen Katholiken in Bacharach am Rhein ein Kind namens Werner als Heiliger verehrt, der einem angeblichen Ritualmord der Juden zum Opfer gefallen sein soll!

Nun besteht ein Problem der Muslime in Deutschland, die ja in der Mehrzahl Türken sind, darin, dass sie in ihrem Heimatland nicht voll anerkannt werden, weil sie dort als Fremde, nämlich als sogenannte »Deutschländer« gelten, bei uns aber als Ausländer diskriminiert werden, nicht so sehr weil sie Türken, sondern weil sie Muslime sind. Das heißt, für sie spielt ihre Identität als Muslime eine entscheidende Rolle in ihrem Leben. Für uns, die wir in einer säkularisierten Gesellschaft aufgewachsen sind, für die also die Religion im täglichen Leben kaum noch vorkommt, ist das schwer nachvollziehbar. Aber will man die Identität der in Deutschland geborenen oder aufgewachsenen Muslime als Deutsche anerkennen, so muss man ihnen zugestehen, dass sie auch als Muslime Deutsche sein können.

Und damit wären wir bei Goethe angelangt. Denn in den Werken und vor allem brieflichen Äußerungen des größten deutschen Dichters finden sich wiederholt Bekenntnisse zum Islam, besonders in seinem neben dem zweiten Teil des »Faust« wichtigsten Alterswerk, dem »West-östlichen Divan«. So lässt der im Allgemeinen eher bekenntnisscheue Goethe in der Ankündigung zu dieser Gedichtsammlung seine Leser wissen, er lehne »den Verdacht nicht ab, dass er selbst ein Muselmann (Muslim) sei.« Das bedeutete für ihn jedoch keine Konversion, denn für »Religionsveränderungen«, wie er sie nannte, hatte er eher Verachtung übrig. Vielmehr war es eine Art von Identifikation, bei welcher er seine Identität als ein im protestantischen

Christentum geborener Deutscher nicht aufgab, sondern um eine neue Dimension erweiterte.

Man möchte sich wünschen, dass bei den vielen Debatten über die Integration von Ausländern in Deutschland, Debatten, bei denen im Hintergrund immer heimlich die Frage mitschwingt, ob die Türken als Muslime wirklich je Deutsche werden können, einmal ein türkischstämmiger Deutscher aufstehen und den deutschen Spießbürgern mit ihrer Deutschtümelei entgegenhalten würde: Ihr kennt eure eigenen Klassiker nicht! Der berühmteste deutsche Dichter hat sich mehrmals zum Islam bekannt!

Bekanntlich hat sich die Situation der Muslime in Deutschland seit dem 11. September in dem Sinne verschlechtert, dass sie einem ständigen Rechtfertigungsdruck ausgesetzt werden, indem man von ihnen verlangt, nachzuweisen, dass sie, obwohl sie sich zum Islam bekennen, keine Terroristen sind. Zwar findet man nunmehr in den Zeitungen unzählige Ankündigungen zu Veranstaltungen, in denen über den Islam diskutiert werden soll. Aber in der Mehrzahl der Fälle geht es lediglich darum, dass man irgendwelche islamischen Honoratioren dazu auffordert, nachzuweisen, dass der Islam keine terroristische Religion sei. Das heißt, die Veranstalter wollen offenbar eigentlich gar nicht, dass man etwas Genaueres über den Islam als solchen erfährt, sondern sie wollen sich nur vergewissern, dass er im Allgemeinen keine Gefahr für die Sicherheit im eigenen Alltag bedeutet. Eine solche Außensicht kann ein wahres Verständnis dessen, was unsere muslimischen Mitbürger denken und empfinden, und damit einen Kampf gegen ihre Diskriminierung natürlich nicht fördern, sondern ist dafür eher hinderlich. Dennoch kann das nach dem 11. September neu erwachte Interesse am Islam bei nachdenklicheren Menschen ein positives Ergebnis zeitigen. Wenn Goethes enges Verhältnis zum Islam endlich einmal ins allgemeine Bewusstsein der Deutschen dringen würde, so könnte ein deutscher Muslim gleich welcher Herkunft, wenn es wieder einmal um die Frage des Zusammenhangs zwischen Islam und Terrorismus geht, aufstehen und fragen: War Goethe etwa ein Befürworter des Terrorismus?

Typisch für eine von Vorurteilen belastete Außensicht auf die unter uns lebenden Muslime sind auch die Hintergrundbilder in den Fernsehsendungen über die Gefahren eines wachsenden islamischen Fundamentalismus. Um die Bedrohung durch einen weltweit sich ausbreitenden Islam zu illustrieren, werden in solchen Sendungen gewöhnlich Muslime gezeigt, wie sie sich beim Freitagsgebet gemeinsam bis zur Erde verneigen. Hier frage ich wiederum: Hand aufs Herz, wem unter uns erscheint eine solche kollektive Geste einer größeren Menschenmenge, die wie auf ein geheimes Zeichen eine gleiche Bewegung vollführt, auf den ersten Blick nicht als befremdlich, wenn nicht gar bedrohlich? Hören wir hingegen Goethe, wie er nach dem Erlebnis eines muslimischen Freitagsgebets von baschkirischen Muslimen, die aus dem mit Preußen im Krieg gegen Napoleon verbündeten Russland nach Weimar gekommen waren, voll Begeisterung im Januar 1814 an einen Freund schreibt:

»Da ich von Weissagungen rede, so muss ich bemerken, dass zu unserer Zeit Dinge geschehen, welche man keinem Propheten auszusprechen erlaubt hätte. Wer durfte wohl vor einigen Jahren verkünden, dass in dem Hörsaale unseres protestantischen Gymnasiums mahometanischer Gottesdienst werde gehalten und die Suren des Korans würden hergemurmelt werden, und doch ist es geschehen, wir haben der baschkirischen Andacht beigewohnt, ihren Mullah geschaut, und ihren Prinzen im Theater bewillkommt.«

Nun kann es allerdings nicht darum gehen, dass wir uns Goethes religiösen und philosophischen Einstellungen anzuschließen oder gar seine Gefühle und Empfindungen zu übernehmen versuchen. Der geschichtliche Abstand, der uns von ihm trennt, lässt sich durch einen Willensakt nicht überspringen. Worin er uns helfen kann, ist, Reichtum und Vielfalt des islamischen Kulturerbes zu entdecken, eines Erbes, ohne das die Entwicklung der abendländischen Kultur undenkbar wäre, weshalb es für uns ein Bindeglied und nicht eine Trennwand darstellen sollte in unseren Beziehungen zu unseren muslimischen Mitbürgern.

Und auch letzteren kann Goethe eine Hilfe sein, denn für sie selbst ist der Zugang zu diesem Erbe teilweise verschüttet und versperrt. Über dem Urdokument des Islam, dem Koran, lagert sich der Staub von tausend und abertausend Kommentaren, Superkommentaren und Scholien, mit denen die islamischen Schrift- und Rechtsgelehrten die ursprüngliche Botschaft dieser heiligen Schrift zugedeckt haben, und die amtlich bestallten Gelehrten selbst stehen wie Wächter vor der Tür, um jenen Muslimen, die sich um ein neues, den Verhältnissen unserer Zeit angemessenes und freiheitliches Verständnis des Korans bemühen, den Weg dazu zu versperren. Deren Leben wird also nicht nur durch die Islamisten bedroht, die sie schlicht durch Mordanschläge auf offener Straße aus dem Wege räumen, wie sie das beispielsweise mit Farag Foda in Ägypten oder Ugur Mumcu und Turan Dursun in der Türkei getan haben. Vertretern eines reformatorischen Islam kann es auch ergehen wie Mahmud Mohammed Taha im Sudan, der von regierungstreuen Schriftgelehrten zum Tode verurteilt wurde, nachdem sie ihn, auf Betreiben des mächtigen Nachbarlands Saudi-Arabien und auf Befehl des Diktators Nimeiri, zum Abtrünnigen vom Glauben erklärt hatten.

Goethe hat in seiner Jugendzeit, ganz unbelastet von dogmatischen Vorurteilen, den Koran als Quelle geistiger Inspiration für sich entdeckt, so dass dieser für ihn als Dichter neben der Bibel eine gleichrangige Bedeutung gewann. Um seine Kenntnisse über den Islam auch seinen deutschen Landsleuten vermitteln zu können, hat er sich Jahrzehnte später die Forschungsergebnisse der in seiner Zeit aufblühenden Orientalistik zu eigen gemacht, einer Wissenschaft, die damals noch nicht unter dem Druck kolonialistischer Machtansprüche der Europäer im Nahen Osten oder gar des erst fünfzig Jahre nach Goethes Tod aufkommenden Imperialismus stand. Ganz bewusst setzte sich Goethe jedoch von den traditionell islamfeindlichen Positionen der christlichen Kirchen ab. Die Kenntnisse, welche ihm die Orientalisten vermittelten, beschränkten sich allerdings nicht auf die offiziellen Lehren der Orthodoxie, Goethe beschäftigte sich auch eingehend mit jenen geistigen Strömungen im frühen Islam, welche in späterer Zeit von den Schriftgelehrten zur Ketzerei erklärt worden sind und noch heute als solche gelten. Wie aktuell in der islamischen Welt noch immer die Probleme sind, denen sich Goethe bei seinen orientalistischen Studien zugewandt hat, sei hier an zwei Beispielen dargestellt.

Im »West-östlichen Divan« findet sich ein Vierzeiler, der folgendermaßen lautet:

»Er ist der einzige Gerechte,
Will für jedermann das Rechte.
Sei, von seinen hundert Namen,
Dieser hoch gelobet! Amen.«

Wie kam es zu diesem Gedicht? Goethe hatte bei seinem orientalistischen Gewährsmann Hammer gelesen, dass »die hundert Korallen des mohammedanischen Rosenkranzes neun und neunzig Eigenschaften Gottes samt seinem arabischen Namen Allah« bedeuten. In der kanonischen Litanei des islamischen Rosenkranzes steht »der Gerechte« als Beiname Gottes jedoch an der 29., also an einer durch keine Besonderheit ausgezeichneten Stelle. Warum hat Goethe ausgerechnet diesen Beinamen als besonders preiswürdig hervorgehoben?

Nach dem Tode des Propheten Mohammed und der ersten sogenannten rechtgeleiteten Kalifen hatte im islamischen Reich eine Dynastie von Herrschern die Macht an sich gerissen, die sich durch Willkür und Tyrannei auszeichnete. Sie rechtfertigte sich durch eine einseitig ausgelegte islamische Lehre, nämlich der, dass alles von Gott vorherbestimmt sei, folglich sie als Herrscher zu Stellvertretern Gottes eingesetzt worden seien. Gegen ihre Willkürherrschaft in der Frühzeit des Islam wandte sich eine rationalistische Strömung der Theologie, die Mu'tazila genannt wurde. Es ist ja ein Märchen, welches sich hartnäckig hält, dass es im Islam keine Aufklärung gegeben habe. Im Gegenteil, die europäische Aufklärung und insbesondere die deutsche verdankt viel dem Einfluss der judäo-arabischen Philosophie des Mittelalters, und Ernst Bloch hat diese Filiation in seinem Buch über das Materialismusproblem bis hin zu Spinoza nachgewiesen. Das Problem für die islamische Welt besteht vielmehr darin, dass der Zeit der Aufklärung keine Revolution wie in Frankreich gefolgt ist, welche deren Prinzipien im Volk verankert hätte. So konnte die Periode der Aufklärung unbehindert von einer Periode des Obskurantismus abgelöst werden. Eine rationalistische Unterströmung hat sich im Islam jedoch bis heute insgeheim erhalten, und immer wieder findet man Muslime, die sich in ihren Schriften bei Lebensgefahr darum bemühen, das aus ihrem eigenen Kulturbereich stammende Erbe der Aufklärung neu zu beleben.

Die Mu'tazila beschäftigte sich (wie später Spinoza) insbesondere mit der Frage nach den Eigenschaften Gottes. Dabei hob sie besonders zwei Eigenschaften Gottes hervor. Einmal die Einheit Gottes im Gegensatz zum Polytheismus, aber auch zur Dreifaltigkeitslehre des Christentums. Goethe lag diese Lehre des Islam besonders am Herzen, mit der Begründung: »Der Glaube an den einigen Gott wirkt immer geisterhebend, indem er den Menschen auf die Einheit seines eigenen Innern zurückweist.« Zum anderen aber vertrat die Mu'tazila den Gedanken, dass Gott gerecht sei. Ein ungerechter Herrscher kann damit nicht gottgewollt sein, der Widerstand gegen ihn ist demnach legitim. Obiger Vierzeiler Goethes liest sich also quasi wie ein mu'tazelitisches Credo.

Welche Sprengkraft noch heute in den angeblich ketzerischen Lehren der Mu'tazila liegt, zeigt sich am Beispiel des ägyptischen Korangelehrten und Sprachwissenschaftlers Professor Nasr Hamid Abu Zeid. Sein angebliches Verbrechen bestand darin, dass er seine Studenten dazu angehalten hatte, im Zuge eines Studiums des islamischen Erbes, d.h. der verschiedenen Strömungen der islamischen Theologie zur Zeit der Hochblüte islamischer Kultur, sich auch mit der Mu'tazila zu befassen. Wohlgemerkt, sie zu studieren, nicht etwa ihre Lehren unbesehen zu übernehmen! Dennoch reichte das aus, um ihn den Hütern der Orthodoxie suspekt zu machen. Nun gibt es zwar in Ägypten kein Gesetz, welches Ketzerei unter Strafe stellen, gar mit dem Tode ahnden würde. Aber die Gegner des Professors wussten sich zu helfen, um ihren unliebsamen Kollegen loszuwerden.

Weil nach in Ägypten geltendem Recht eine Muslima mit einem Nicht-Muslim nicht verheiratet sein darf, beantragten sie vor einem Kairoer Zivilgericht die Scheidung Professor Abu Zeids von seiner Frau, und zwar auch gegen deren Willen. Das Gericht, besetzt von einem islamistischen Richter, gab diesem Antrag statt, was bedeutete, dass man Abu Zeid zu einem Nichtmuslim, d.h. zu einem Abtrünnigen vom Glauben erklärt hatte. Damit war er praktisch vogelfrei, denn als ein Abtrünniger vom Glauben ist er für die Islamisten sozusagen zum Abschuss freigegeben. Professor Nasr Hamid Abu Zeid musste mit seiner Frau ins Ausland fliehen, er lebt jetzt in Holland im Exil. Wenn in dem als relativ demokratisch geltenden Ägypten bereits solcherart repressive Verhältnisse herrschen, dann kann man sich vorstellen, wie versteinert und repressiv der in den mit den USA eng verbündeten islamischen Staaten wie Saudi-Arabien oder Kuweit praktizierte Islam ist! Bei allen Unterschieden zwischen unseren Ländern (in Ägypten gibt es beispielsweise keine freie Gewerkschaftsbewegung!) ist der politische Mechanismus, der hier abläuft, dem bei uns bekannten Schema ähnlich: Die politische Rechte, die Schönhuber, Deckert & Co stellt ihre Forderungen auf, und die politische Mitte, die Schröder, Schily, Beckstein & Co führt sie durch!

Ein zweites Beispiel für die Aktualität Goethes: Das Buch von Katharina Mommsen *Goethe und die arabische Welt* ist von einem in Frankfurt lebenden Iraker ins Arabische übersetzt und mit zusätzlichen Randbemerkungen eines ägyptischen Schriftstellers mit vielen Kürzungen, die Zensureingriffen gleichkommen, und mit von der Autorin nicht autorisierten Fußnoten, in Kuweit gedruckt worden. An manchen Stellen werfen die beiden Herren Goethe vor, dass er den Islam nicht richtig verstanden habe, einmal sogar der Autorin selbst, ja, an einer Stelle wirft der Übersetzer Goethe das schlimmste Verbrechen vor, welches sich im Islam in Glaubenssachen denken lässt, nämlich den »schirq«, das heißt Polytheismus!

Worin besteht nun Goethes Verfehlung bzw. angeblicher Irrtum? Katharina Mommsen weist nach, dass jedes Mal, wenn Goethe sich mit dem Studium des Islam befasst, er zur gleichen Zeit sich auch mit seinem Lieblingsphilosophen Spinoza beschäftigt hat, weil er zwischen beiden verwandte Züge sah. Besagte zwei Kritiker werfen ihm nun vor, den Unterschied zwischen dem Begriff der Einheit Gottes im Islam und dem Begriff der Einheit von Gott und Natur im Pantheismus Spinozas nicht begriffen zu haben. Nun war Goethe zwar ein Dichter, aber in philosophischen und theologischen Fragen kein Dummkopf. Er fühlte sich jedoch nicht gezwungen, unbesehen alle Dogmen des Islam in gleicher Weise sich zu eigen zu machen. Sein Urteil über den Koran ist nicht unkritisch:

»Glauben und Unglauben teilen sich in Oberes und Unteres, Himmel und Hölle sind den Bekennern und Leugnern zugedacht. Nähere Bestimmung des Gebotenen und Verbotenen, fabelhafte Geschichten jüdischer und christlicher Religion, Amplifikationen aller Art (...) bilden den Körper dieses heiligen Buches, das uns, so oft wir auch daran gehen, immer von neuem anwidert, dann aber anzieht, in Erstaunen setzt und am Ende Verehrung abnötigt.«

»Anwidert« ist ein hartes Wort, und Goethe sagt nicht ausdrücklich, was er damit meint, aber es lässt sich leicht erraten: die häufig im Koran vorkommenden Androhungen von Höllenstrafen. »Die Hölle isch dem Pfarrer sei' Kuh« sagte einst ein schwäbischer Bauer, und das ist sie auch für die islamische Geistlichkeit. Daher die Abwehrhaltung gegenüber dem Pantheismus. Goethe, darin ganz Pantheist, glaubte als Dichter der Immanenz weder an das christliche Dogma von der Erbsünde noch an die Hölle. Und dennoch konnte er sich der islamischen Geisteswelt durchaus zugehörig fühlen, denn im Laufe der Geschichte des Islam sind viele pantheistische Denker und Dichter aufgetreten, so etwa die Mystiker Ibn Arabi und Jelaleddin Rumi, um nur zwei der bekanntesten zu nennen; vor allem aber der große persische Dichter Hafis, den Goethe seinen Zwillingsbruder nannte. Einer der bedeutendsten islamischen Dichterphilosophen des 20. Jahrhunderts, Muhammad Iqbal vom indischen Subkontinent, schätzte Goethe wie auch Rumi wie auch Spinoza und Giordano Bruno gerade aufgrund von deren pantheistischer Weltanschauung.

Der Dialog zwischen Nichtmuslimen und Muslimen in Deutschland im Namen Goethes muss also nicht gleichbedeutend sein mit der Akzeptanz aller Positionen, die Goethe vertreten hat, ebenso wenig wie mit der Zustimmung zu allen Aussagen des Koran. Aber die Lektüre Goethes, insbesondere des »West-östlichen Divan« und der Noten und Abhandlungen dazu, kann für Nichtmuslime den Weg öffnen zu einem besseren Verständnis des Islam, für Muslime jedoch ein Ansporn sein, die eigenen Glaubensinhalte neu zu überdenken. Dadurch können die Schranken überwunden werden, mit welchen die religiösen und politischen Hardliner uns voneinander zu trennen versuchen.

Diskussion

Jakob Moneta: Optimismus in der Theorie, positiver Fatalismus war immer falsch. Die Religion nannte Marx »Seufzer der bedrängten Kreatur« und auch den »Geist der geistlosen Zeit«. In der frühen III. Internationale war der Marxismus noch im Stande, in politisch-theoretischen Fragen solche Gesamtzusammenhänge zu denken.

Thomas Seibert: Das Referat war interessant, ich glaube aber nicht, dass die dort entwickelte Argumentationsweise für einen antirassistischen Ansatz taugt. Das Muster ist doch: Jetzt kommt von oben ein Antiislamismus, und wir sollen darauf mit einer Verteidigung des Islam reagieren. So bestätigt man doch im Grunde nur das rassistische Muster. Vielmehr muss man aufzeigen, dass es sich um eine rassistische Konstruktion handelt, die dazu dient, eine eigene Identität zu basteln. Der primäre Vorgang hat also mit dem wirklichen Islam nichts zu tun. Wichtig ist die grundsätzliche Kritik an der rassistischen Konstruktion »des Anderen«. Ein Philoislamismus jedoch ist ebenso falsch wie das alte Stereotyp vom »edlen Wilden«. Den Islamismus selbst muss man in seinem eigenen gesellschaftspolitischen Kontext analysieren, wobei das Scheitern anderer politischer Konzepte (arabische Nationalismen, sozialistisch-kommunistische, antiimperialistische Strategien usw.) eine wichtige Rolle spielt.

Ein(e) Teilnehmer(in): Ich habe es nicht so empfunden, dass das Referat »den Islam« verteidigt hätte. Es geht doch hier um die Erfahrung von Kolonialismus und die Reaktionen der Kolonisierten. Interessant ist die besondere Geschichte der Muslime in Bosnien, gerade in Zusammenhang mit Säkularisierungsforderungen. Es ist ebenso richtig gegen Koranschulen wie gegen Klosterschulen zu sein.

Peter-Anton von Arnim: Meine persönliche Erfahrung ist vielleicht schwer nachvollziehbar. Die Einführung der Sharia in einer Reihe von Ländern ist ein Rückfall ins Mittelalter.

Eine sudanesische Teilnehmerin: Die Einführung der Sharia im Sudan 1993 war ein fürchterlicher Schock und gesellschaftlicher Rückschlag. Warum tun die Europäer seit dem 11. September so überrascht? Der politische Islamismus ist in einer Reihe von Ländern seit Jahren im Vormarsch gewesen, überall war es der gleiche Prozess, Bin Laden spielte dabei immer wieder eine Rolle. Die Brutalitäten der islamistischen »Rechtsprechung« sind alles andere als neu, aber wo blieb der Aufschrei in den reichen Industrieländern? Es gehört zu den Aufgaben der Intellektuellen, Islam und Islamismus analytisch zu trennen. Es ist durchaus wichtig daran zu arbeiten, dass Deutsche die 3 Millionen in Deutschland lebenden Muslime besser verstehen, und dazu gehört Aufklärung und Forschung über die Geschichte des Islam. Woher kommt übrigens die irrationale Angst vor dem Kopftuch? Die USA kooperierten vielfach mit Islamisten. Im Sudan wurden mit Einführung der Sharia über 800 Strafgesetze auf 183 reduziert. Menschen werden von militärischen Schnellgerichten zu drakonischen Strafen verurteilt.

Peter-Anton von Arnim: Das Urteil über die Kritik von Thomas Seibert möchte ich den ZuhörerInnen überlassen. Wir sollten uns selbst prüfen, inwieweit wir befangen sind. Goethe hilft dabei, einen Zugang zur Tradition des Islams zu finden, ohne den gängigen Klischees zu verfallen. Wichtig ist der Ansatz eines Dialogs unter Gleichen. Die imperialistische Bourgeoisie und die mit ihr verbundenen einheimischen Kompradoren wählen immer das ihnen gerade in den Kram passende religiöse Gewand. Als es opportun war, verschloss man die Augen vor dem Vormarsch des Islamismus, auch vor seiner Machtergreifung im Sudan. Ein bezeichnendes Beispiel: Die kritische Debatte über Waldheim in Österreich war sehr gut, aber die USA erlauben ihm die Einreise nicht, während sie hingegen Turabi eine Rundreise in den USA erlauben.

Tobias Michel: Wann gab es eigentlich diesen Bruch in der Goethe-Rezeption, wann wurde sein positiver Bezug auf den Islam tabuisiert?

Peter-Anton von Arnim: Man nehme etwa Börners Monographie – ein anerkanntes Standardwerk. Dort kommt der Islam überhaupt nicht vor.

Neville Alexander: Wie lassen sich die Kenntnisse über Goethes enges Verhältnis zum Islam verbreiten? Welche Organisationen lassen sich für diese Verbreitung gewinnen?

Peter-Anton von Arnim: Meine Bitte wäre, dass jeder von den Teilnehmern des Seminars jeweils aus den Erfahrungen seiner eigenen Organisation darstellt, was sich da tun lässt. Als wichtigste Organisation in dieser Hinsicht sehe ich die Gewerkschaft Erziehung und Wissenschaft (GEW) an. Die Lehrer müssen eine führende Rolle bei der Verbreitung des Wissens über Goethes Einsichten in die Geisteswelt des Islam übernehmen und das Tabu durchbrechen, mit welchem ihre Hochschullehrer von der Zunft der Germanisten dieses Thema bisher belegt haben.

In diesem Zusammenhang möchte ich unterstreichen, was Ulla Jelpke gesagt hat über unsere Pflicht, im Zuge des Kampfs für die Gleichstellung aller in der Bundesrepublik lebenden Bürger einzutreten für das Recht der Muslime auf einen islamischen Religionsunterricht an deutschen Schulen.

Ich möchte hierzu drei Punkte nennen, die dabei zu berücksichtigen sind:

1) Man hat sich bisher nicht hinreichend klargemacht, welche Konzession die Vertreter der muslimischen Organisationen, welche den Kampf für einen islamischen Religionsunterricht an deutschen Schulen aufgenommen haben, wobei ihnen dann jedoch immer wieder vorgehalten wird, dass sie nichts weiter als verkappte Islamisten (Anhänger von Milli Görüs) seien, hinsichtlich eines grundlegenden Dogmas des traditionellen Islam zu machen bereit sind: Da der Koran den Muslimen als Gottes unmittelbares Wort gilt, aber auf Arabisch offenbart worden ist, so geht man traditionellerweise im Islam davon aus, dass seine Glaubensinhalte nur auf Arabisch vermittelt werden können. Jene Organisationen hingegen erkennen an, dass ein solcher Religionsunterricht auch auf Deutsch möglich ist und unter den in Deutschland herrschenden Bedingungen dies auch nicht anders sein kann.

2) Wenn der islamische Religionsunterricht auf Deutsch stattfindet, ist gewährleistet, dass man leicht nachprüfen kann, ob darin auch antidemokratische Grundsätze vermittelt werden oder nicht. Das Argument, ein islamischer Religionsunterricht berge die Gefahr in sich, dass dort antidemokratische Wertvorstellungen vermittelt werden können, ist deshalb eine fadenscheinige Ausflucht. Übrigens hat man bisher noch nie gehört, dass ein christlicher Religionslehrer, der etwa die antidemokratischen Positionen eines Erzbischofs Dyba oder Kardinals Meissner vertritt, deswegen suspendiert worden wäre. Jedenfalls würde durch einen offiziellen islamischen Religionsunterricht an den Schulen dem autoritären und obskurantistischen Koranunterricht in deutschen Hinterhöfen der Boden entzogen.

3) Traditionellerweise wird der Mehrheit der Muslime in ihren Herkunftsländern von früh auf beigebracht, dass man über Glaubensfragen nicht zu diskutieren, sondern die überlieferten Lehren unbesehen hinzunehmen habe. Da nun den in Deutschland lebenden Türken bzw. den türkischstämmigen Deutschen die deutsche Sprache weitaus besser zugänglich ist als die arabi-

sche Sprache, können sie sich die Inhalte ihres Glaubens viel leichter über das Deutsche als über das Arabische aneignen. Dabei wird auf ganz natürliche Weise nebenbei erreicht, dass sie lernen, über Glaubensfragen zu diskutieren und damit eine gewisse Unsicherheit, die aus Unkenntnis herrührt, zu überwinden. Gerade die Islamisten, die man fälschlicherweise auch oft als Fundamentalisten bezeichnet, zeichnen sich aus durch ihre Unkenntnis der wichtigsten Grundsätze des Islam. (So grassiert etwa unter den Nicht-Muslimen, und zwar noch verstärkt nach dem 11. September, das Märchen, dass nach islamischer Auffassung den Selbstmordattentätern der unmittelbare Zugang ins Paradies offen stehe, obwohl ihnen laut Sure 4, Vers 29 und 30 das genaue Gegenteil, nämlich die ewige Höllenstrafe angedroht wird. Die Attentäter selbst waren aus Unkenntnis ihrer eigenen Religion diesem Irrglauben zweifellos ebenfalls aufgesessen.)

Zu der Frage von *Jakob Moneta*, weshalb ausgerechnet im liberalen Dänemark die Rechten mit ihrem Schüren von Ausländerhass in den Wahlen gesiegt haben, obwohl dort die Arbeitslosigkeit in Europa am niedrigsten ist, im Folgenden ein Hinweis auf den möglichen Einfluss speziell der Ereignisse vom 11. September. Das mag auch ein weiterer Hinweis sein auf die Dringlichkeit des Themas »Was ist von Goethe in seinem Verhältnis zum Islam zu lernen?«

Anhang

Wahlen: Rechtsruck in Dänemark auf Kosten von Muslimen

»Bei den Parlamentswahlen in Dänemark hat der sozialdemokratische Ministerpräsident Poul Nyrup Rasmussen eine schwere Niederlage erlitten und muss in die Opposition gehen. Nach einer ersten Hochrechnung des Fernsehens brachte die Wahl einen massiven Rechtsruck mit dem bisherigen rechtsliberalen Oppositionschef Anders Fogh Rasmussen als klarem Sieger. Die rechtspopulistische Dänische Volkspartei steigerte sich um 4,6 Prozentpunkte und wurde mit 12 Prozent drittgrößte Partei im neuen Kopenhagener Folketing. Muslime in Europa fürchten schon länger einen schleichenden Stimmungswandel in Europa, denn viele klar ausländerfeindliche Thesen sind, wenn sie auf Muslime angewandt werden, wieder allgemein gesellschaftsfähig geworden.

Hauptthema im Wahlkampf war die Einwanderungspolitik der Regierung, mit der eine wachsende Zahl der Dänen unzufrieden ist. Die Debatte brachte auch der ausländerfeindlichen Dänischen Volkspartei (DF) Auftrieb, der vor der Wahl zehn Prozent nach 7,4 Prozent vor vier Jahren vorhergesagt worden waren. Zum Repertoire dieser Partei gehören auch charmante Forderungen wie ein »Heimsendungsminister« oder ein »Gebetsverbot für Muslime«. Unter dem Eindruck der letzten Ereignisse konnte die Partei unter dem Stichwort »Islam und Terror« ihre Ausländerfeindlichkeit gut verstecken. Ihr könnte bei der Regierungsbildung nun eine entscheidende Rolle zukommen.«

Aus: *Islamische Zeitung* vom 26.11.2001 (e-mail-Ausgabe)

Michael Brumlik

Wehrhaftes Missverständnis

»Wenn es um islamistische Religionsgemeinschaften geht, übernehmen auch Linke die Optik des Verfassungsschutzes – und verkennen damit die wichtigsten Themen der Einwanderungsgesellschaft. Michael Brumlik ist Professor für Erziehungswissenschaften und Publizist. Nach Eberhard Seidel (taz vom 6.5.2000), Thomas Hartmann (taz vom 29.5.2000) und Ursula Spuler-Stegemann (taz vom 8.6.2000) setzt er die Debatte über den Umgang mit dem radikalen Islam fort.

Einer der liberalen Cheftheoretiker des Kalten Krieges, Sir Karl Popper, hätte nicht zu träumen gewagt, dass seine Parole, den Feinden der Freiheit keine Freiheit zu gewähren, noch lange nach dem Sieg des Westens Triumphe feiern würde. Und noch vor zehn Jahren hätte sich niemand ausgemalt, dass gestandene Linke eines Tages genau jene Optik übernehmen würden, an der sie jahrelang litten: die des Verfassungsschutzes. Dabei geht es weder um den brandgefährlichen Neonazismus noch um die in diesem Zusammenhang gar nicht einschlägige Koalition der SPD mit der vom Verfassungsschutz beobachteten PDS in Schwerin, sondern um die drittgrößte Religion in Deutschland – den Islam. Die zwischen Eberhard Seidel, Thomas Hartmann und Irmgard Spuler geführte Debatte um islamistische Gruppen ist gewiss von großer fachlicher Kenntnis getragen und stellt gleichwohl ein einziges Missverständnis dar. Auch wenn die Dossiers des Verfassungsschutzes, eine aufmerksame Lektüre türkischsprachiger Vereinsblättchen und eine Überprüfung der Biografien islamischer Aktivisten politische Einstellungen zu Tage fördern, die dem Grundgesetz widersprechen, verkennt diese Optik eines der wichtigsten Themen der multireligiösen Einwanderungsgesellschaft.

Es war Max Frisch, der der Sozialdemokratie schon vor Jahren bezüglich der »Gastarbeiter« ins Stammbuch schrieb, dass man Arbeitskräfte gerufen habe und Menschen gekommen seien. Inzwischen herrscht zwar Konsens, dass die Arbeitskräfte Menschen sind, aber noch nicht darüber, dass sie religiöse Menschen sind. Dabei ist jene die multikulturelle Szene umtreibende Frage, ob die Immigranten ihren Glauben mitgebracht oder erst als Reaktion auf hiesige Diskriminierung ausgebildet haben, völlig unerheblich.

Niemand – außer akademischen Religionssoziologen interessiert sich schließlich dafür, warum jemand katholisch bleibt oder aus einer lutherischen Landeskirche austritt. Man kann es drehen und wenden, wie man will: Kurzfristig werden in Deutschland mehr als drei Millionen Muslime leben, und in den großen Städten könnten dann bald 40 Prozent der Jugendlichen dieser Religion angehören. Der geheimdienstliche beziehungsweise investigationsjournalistische Blick auf die religiösen Organisationen der Muslime, der dem Muster folgt, das der Verfassungsschutz auf die Friedensbewegung und die Antifa- auf die Nazi-Szene legt, sieht nichts, sondern verkennt alles.

Er verkennt erstens, dass Deutschland im Unterschied zu laizistischen Staaten wie Frankreich als staatskirchenrechtlich verfasste Republik Religionsgemeinschaften besondere Rechte einräumt. Bekanntlich garantiert das Grundgesetz allen Religionen im Grundsatz gleichen Zugang zu Steuern und schulischer Unterweisung. Das war bei Mennoniten und Griechisch-Orthodoxen nie ein Problem. Angesichts der Hindernisse, die einzelne Länder islamischen Gruppierungen in den Weg legen, wird deutlich, dass in diesem Fall das Grundgesetz nicht gilt.

Der geheimdienstliche Blick verkennt zweitens, dass Texte das eine und die Lebenswirklichkeit das andere sind. Sogar wenn sich nachweisen ließe, dass der Spitzenfunktionär eines Dachverbandes vor Jahren Beisitzer einer Organisation war, die für einen Gottesstaat eintritt, sagt dies noch gar nichts über das Leben, die Hoffnungen und die Wünsche jener Zehntausende, die ihre Kinder derlei Organisationen anvertrauen oder in ihrem Rahmen beten. Wie reaktionär sind eigentlich Menschen, die noch immer der katholischen Kirche mit ihrem sexualfeindlichen, im Aidszeitalter Kondome verbietenden Papst angehören?

Der geheimdienstliche Blick verkennt drittens – den eigenen liberalen Bekenntnissen zuwider –, dass in einer Demokratie nur zählt, was veröffentlicht wird. Es mag sein, dass viele Funktionäre islamischer Organisationen auf Deutsch das eine sagen und auf Türkisch das andere meinen. Behaftet und kritisiert werden sie für das, was sie hier in der Öffentlichkeit von Schulen, Fortbildungsstätten oder Gotteshäusern tun – und nicht für das, was sie irgendwann bezüglich eines Gottesstaates im Orient im geschlossenen Kreis äußerten. Wer gelegentlich vor Industriellen oder Mittelständlern referiert, kennt vielleicht die nach dem dritten Glas Wein aufkommende Frage, ob »wir« uns die Demokratie noch leisten können und ob nicht China – früher war es Japan – mit seinen autoritären Strukturen besser dran sei. Das spricht gegen Honoratiorenvereine, aber wäre das ein Grund, sie zu verbieten?

Wenn den islamischen Religionsgemeinschaften freilich die Überprüfung ihres Glaubens im wissenschaftlichen Diskurs theologischer Fakultäten und der alles erschütternden jugendlichen

Lebenswelt in der Schule erspart bleibt, werden sie genau die fundamentalistischen Haltungen ausbilden, die man ihnen heute vorhält. Erstaunlicherweise erweisen sich AutorInnen wie Eberhard Seidel und Irmgard Spuler als die besten Verbündeten dessen, was sie kritisieren. Zudem legen sie eine eigentümliche politische Naivität an den Tag. Spulers Forderung, bei Gesprächen mit dem Islam auch Gruppen wie die Sufis – die übrigens nicht wenige Muslimbrüder stellten –, die Aleviten oder die Ahmadya zu berücksichtigen, ist ungefähr so sinnvoll, wie wenn sich eine politische Partei bei Gesprächen mit »Christen« nicht mit der katholischen Amtskirche oder der EKD auseinander setzen würde, sondern mit den Zeugen Jehovas, mit Mormonen oder Anthroposophen. Damit ist nichts über die Dignität, wohl aber etwas über die Quantität dieser Konfessionen gesagt.

Es wäre emanzipatorisch und vernünftig, das deutsche Staatskirchenrecht ebenso aufzugeben, wie man fatalerweise den Asylartikel des Grundgesetzes ausgehebelt hat. Für dieses Staatskirchenrecht gibt es, klammert man einmal die Diakonie aus, in einer modernen, liberalen Gesellschaft keine Gründe. Der Hinweis der Kirchen, dass allein dieses Staatskirchenrecht dem Totalitarismus begegnen könne, trifft nicht zu. Schließlich haben die Kirchen dem Nationalsozialismus mindestens teilweise den Weg geebnet und ihm keineswegs geschlossen widerstanden. Zudem sind die meisten Täter und Mitläufer unter dem Staatskirchenrecht zur Schule gegangen, was sie auch nicht zu besseren Menschen gemacht hat. Aber wie dem auch sei: In absehbarer Zeit wird sich eine entsprechende Grundgesetzänderung nicht durchsetzen lassen, und so bleibt – allein aus Gründen des Gleichheitsgebots – nichts anderes, als den vielfältigen muslimischen Religionsgemeinschaften entsprechende Rechte einzuräumen.

Der wissende Blick um Traktätchen und Vernetzungen teilt mit dem geheimdienstlichen Blick im Übrigen ein tief pessimistisches Weltbild – Lernprozesse sind von vornherein ausgeschlossen. Mit dieser Haltung lässt sich vielleicht ein Kalter Krieg, aber keine offene Gesellschaft gewinnen.«

Aus: *die tageszeitung,* Sonnabend/Sonntag, 17./18. Juni 2000

Manuela Bojadzijev/Serhat Karakayali

Welcher Widerstand gegen welchen Rassismus?

In seinem Aufsatz »Gibt es einen Neo-Rassismus?« vertritt Etienne Balibar die These, dass der gegenwärtige Rassismus, der sich in Frankreich – und man kann hinzufügen: in Deutschland – um den Komplex der Immigration ausgebildet hat, in den Zusammenhang des »Rassismus ohne Rassen« fällt. Er definiert diesen Rassismus als einen, dessen vorherrschendes Thema nicht die biologische Vererbung, sondern die Unaufhebbarkeit der kulturellen Differenzen ist.[1] Im Grunde impliziert die These vom »Rassismus ohne Rassen« allerdings, was jede kritische Arbeit über Rassismus besagt: Dass der Rassismus nicht über seine Effekte zu erklären ist, da man sonst in einem Teufelskreislauf landet, wo man in antirassistischer Absicht nicht landen will: im rassistischen Diskurs, der nicht zuletzt Rassen überhaupt erst konstruiert.

In ihrem Buch *Rasse, Klasse, Nation,* das Etienne Balibar und Immanuel Wallerstein 1988 in Frankreich veröffentlichten, ging es den beiden aber nicht nur darum, ein Verständnis der Reorganisation des Rassismus zu erlangen, sondern auch die Veränderung in den sozialen Kämpfen zu erfassen. Etienne Balibar hat darin versucht, den Primat der Dynamik des gesellschaftlichen Konflikts über die Typologien zu stellen.[2] Grundlage seiner Überlegung ist, dass es nie Klassen außerhalb oder unterhalb der historischen Kampfkonfigurationen gegeben hat: »Zu sagen, indem wir mit den Worten spielen, dass der ›Klassenkampf‹ ein ›Kampf ohne Klassen‹ ist, heißt also, dass es keine Gruppierungen, keine soziologischen Einheiten gibt, die außerhalb der konkreten Situation konstituiert sind, also außerhalb der sozialen Bewegungen bestehen.«[3] Zumindest historisch liegt es nahe, die Thematik des Klassenkampfs mit der des Rassismus zu verknüpfen,

---

[1] Etienne Balibar/Immanuel Wallerstein, *Rasse, Klasse, Nation.* Ambivalente Identitäten, Hamburg: Argument Verlag, 1990, S. 28.

[2] Vgl. » Vom Klassenkampf zum Kampf ohne Klassen?«, in: E. Balibar/I. Wallerstein, *Rasse, Klasse, Nation,* S. 190-224.

[3] Etienne Balibar, *Die Grenzen der Demokratie,* Hamburg: Argument Verlag, 1993 (Argument-Sonderband, Neue Folge, Bd. 211), S. 159.

und zwar ohne die eine auf die andere zu reduzieren. Es lässt sich aufzeigen, »dass der Grad von Bürgerrechten, der in einer bestimmten historischen Konstellation errungen oder erzwungen werden konnte, nie außerhalb bestimmter Formen des Klassenkampfs errungen oder erzwungen worden wäre, und dass der Klassenkampf wiederum ein politischer und nicht nur ein sozialer Kampf ist.«[4]

Wallerstein und Balibar haben sich in ihren Überlegungen auf das Verhältnis von Rassismus und Klassenkämpfen konzentriert, aus denen sich nur indirekt Fragen des Antirassismus ableiten lassen. Die Annahme, dass die soziale Dynamik im Mittelpunkt der Analyse sozialer Auseinandersetzungen stehen muss, erhält aber für unseren Versuch einer Überlegung zu der Frage »Welcher Widerstand gegen welchen Rassismus?« deshalb Bedeutung, weil vielleicht nur dadurch ein essentialistisches Verständnis von »Klassen« und »Rassen« vermieden werden könnte. Mit anderen Worten: Was wäre ein Antirassismus ohne »Rassen« und »Klassen«? Und: Wie wäre eine Vorstellung eines Antirassismus zu entwickeln, der die Dynamik der Kämpfe in ihren Mittelpunkt stellte?[5]

Zwei Ideen

Wie wäre also das Verhältnis von Rassismus und dem Widerstand gegen ihn zu denken? Mehr noch: Wie kann man den Rassismus analysieren, ohne eine Perspektive einzunehmen, in der die vom Rassismus Betroffenen bloß seine Opfer sind? Wie also könnte man den Rassismus als »soziales Verhältnis« analysieren?

[4] Etienne Balibar in: »Globalisierung/Zivilisierung 1. Etienne Balibar, Jean-François Chevrier, Catherine David und Nadia Tazi im Gespräch« (aus dem Französischen übersetzt), in: *Politics-Poetics.* Das Buch zur documenta X, hrsg. von documenta und Museum Fridericianum, Ostfildern-Ruit: Cantz Verlag, 1997, S. 774-783, hier S. 776.

[5] Dieser Zugang wurde durch die Beschäftigung mit den Konzepten einer Historiographie, wie sie im Zusammenhang des sog. *operaismo* in Italien seit den 60er Jahren entwickelt wurden, noch unterstützt (vgl. dazu: Paolo Virno, »Do you remember Counterrevolution? Soziale Kämpfe und ihr Double«, in: Antonio Negri, Maurizio Lazzarato, Paolo Virno: *Umherschweifende Produzenten.* Immaterielle Arbeit und Subversion, hrsg. von Thomas Atzert, Berlin: ID-Verlag, 1998, S. 85-114).

Zwei Ansätze könnten hilfreich sein bei der Entwicklung einer Antwort. Beide entstammen der marxistischen Theorie und Praxis und beziehen sich zunächst auf das Terrain des Klassenkampfs. Beide haben für unseren Zweck sozusagen bloß »inspiratorischen« Stellenwert, d.h. sie fungieren als Versuche einer Annäherung durch Analogien.

Poulantzas

Ende der 70er Jahre hat der marxistische Theoretiker Nicos Poulantzas in seiner Arbeit *Staatstheorie* ein relationales Verständnis des Staates entwickelt. Poulantzas' staatstheoretische Überlegungen sind zunächst als eine Kritik an der zeitgenössischen Staatstheorie zu verstehen. Innerhalb der marxistischen Theorie ist es Poulantzas zufolge zwar »eine Selbstverständlichkeit, dass der Staat nicht neutral über diesen [Klassen-]Kämpfen steht (...). Strittig ist allerdings die Frage, auf welche Weise er in die Klassenkämpfe eingreift.«[6] Poulantzas' Kritik richtet sich einerseits gegen einen »formalistischen Theoretizismus«, der versucht, den Staat aus der ökonomischen Struktur des Kapitals abzuleiten, Klassenkämpfe und politische Herrschaft hingegen als empirische Zutaten ansieht, die die jeweiligen historischen »Abweichungen« der so abgeleiteten Staatsform bzw. -funktion erklären sollen. Nach Poulantzas eine falsche Trennung, denn eine Theorie des kapitalistischen Staates habe auch die »Metamorphosen ihres Gegenstandes [zu] kennen«,[7] d.h. sie muss immer auch eine historische Theorie sein – die Ebene der Klassenkämpfe ist somit von vornherein in die theoretische Bestimmung des Staates eingeschlossen.

Eine andere Kritik richtet sich gegen marxistisch-leninistische Theorien. Hier sei der Staat in jeder historischen Situation immer nur dasselbe: der Staat der Bourgeoisie. Eine solche Analyse sei völlig unbrauchbar, »da sie nicht in der Lage ist, eine Theorie des kapitalistischen Staates und ihrer differenzierten Formen und historischen Transformationen anders als in der Form von ›Es ist doch alles Jacke wie Hose‹ zu entwickeln.«[8]

---

[6] Alex Demirovic, *Nicos Poulantzas.* Eine kritische Auseinandersetzung, Hamburg: Argument Verlag, 1987, S. 49.

[7] Nicos Poulantzas, *Staatstheorie.* Politischer Überbau, Ideologie, Sozialistische Demokratie, Hamburg: VSA-Verlag, 1978, S. 114, Neuauflage Hamburg: VSA-Verlag, 2002, mit einer Einleitung von Alex Demirovic, Joachim Hirsch und Bob Jessop.

[8] N. Poulantzas, *Staatstheorie,* S. 116.

Mit der Konzeption des Staates als der materiellen Verdichtung von Kräfteverhältnissen sucht Poulantzas zwei theoretische Sackgassen bzw. eine klassische Dichotomie zu vermeiden: Einmal die instrumentalistische Vorstellung des Staates als einer Sache, die selbst inhaltsleer ist und deshalb als ein neutrales Werkzeug angesehen wird; auf der anderen Seite die Vorstellung vom Staat als einem Subjekt, in der dem Staat eine absolute Autonomie zuteil wird, die aus der Macht des Staates selbst bzw. seiner Träger, den politischen Eliten und der Staatsbürokratie erwachse.[9]

Die Reichweite der Analogie zu unserer Thematik mag nicht sehr groß sein, einschränkend möchten wir aber den Ausgangspunkt von Poulantzas aufgreifen, da auch die kritische Rassismustheorie vor ähnlichen Problemen steht.[10] Herrschaftskritische Auseinandersetzungen mit Rassismus neigen nämlich häufig dazu, im Rassismus ein Mittel zu sehen, mit dem die

---

[9] Staat und Klassen sind sich in den von Poulantzas kritisierten Theorien also stets äußerlich (gegenseitige Unterwerfung), die Macht ist wie in einem Null-Summenspiel verteilt, entweder der Staat oder die Klassen haben sie. Der Staat erscheint als ein monolithischer Block, der entweder Macht ausübt und ein einheitliches Interesse hat, oder er wird dominiert von einer Klasse, die ihm ihr Interesse aufherrscht. Die von Poulantzas konstatierten »Widersprüche des Staates« (*Staatstheorie,* S. 122) können so nicht erklärt werden, sie geraten zu nebensächlichen Erscheinungen, zu äußerlichen Dysfunktionen. Diese Widersprüche hängen jedoch zentral mit der organischen Rolle des Staates zusammen; der Staat ist in seinem Innern durch Klassenwidersprüche konstituiert und gespalten (vgl. ebd., S. 123). Solche Differenzierungen vorzunehmen, ist für Poulantzas allerdings kein Selbstzweck oder der wissenschaftlich-theoretischen Redlichkeit geschuldet, sondern hängt mit dem politischen Anliegen von Poulantzas zusammen – die Unterscheidung zwischen Militärdiktatur und Faschismus etwa ist ihm zufolge »für die politische Strategie entscheidend« (ebd., S. 116). Die jeweiligen theoretischen »Fehler« korrespondieren ebenso mit bestimmten Politiken insbesondere der Kommunistischen Partei, die Poulantzas mit seinen Kritiken angreifen will. Die den Staatsbegriffen entsprechenden politischen Strategien lassen sich (sehr) kurz wie folgt charakterisieren: Beim *Staat als »neutraler Hülle«* oder Instrument gilt es, diese Hülle oder Festung zu erobern, was oft zu der leninistischen Putschpolitik geführt hat. Im *Staat als Subjekt* führt die Vorstellung vom unabhängigen Gesamtsubjekt zu sozialdemokratischen Gesellschaftssteuerungsphantasien oder umgekehrt zum »movimentismo«, der betonten Abkehr der sozialen Bewegung vom Staat.

[10] Wir wollen nun nicht die Probleme weiter diskutieren, die sich aus einer Analogie ergeben würden, insbesondere Poulantzas' Vorschlag betreffend, den Staat als eine »materielle Verdichtung von Kräfteverhältnissen« zu begreifen, der dadurch erst seine »relative Autonomie« gewinnt, die es ihm wiederum erlaubt, die Bourgeoisie als herrschende Klasse zu organisieren.

jeweils herrschende Gruppe ihre Herrschaft über die Subalternen optimiert, indem sie den Rassismus gegen einen Teil von ihnen einsetzt. Dabei wird mit der Vorstellung operiert, es gelänge den herrschenden Gruppen auf diese Weise, die derart Betrogenen von den sogenannten eigentlichen Problemen abzulenken. Die Ablenkungsrhethorik ist unter anderem deshalb problematisch, weil sie nahe legt, die rassistischen Praktiken stellten selbst eine Form der Unterwerfung dar, deren materialer und logischer Stellenwert den anderen Ausbeutungs- und Unterwerfungspraktiken nachgeordnet sei. Bezogen auf die rassistische Segmentierung des Arbeitsmarktes unterstützt sie die tautologische Erklärung, nach der der bürgerliche Staat an sich und grundsätzlich rassistische Politik verfolgt, weil diese für seine Organisation und Struktur konstitutiv ist. Nach dieser Logik hat der bürgerliche Staat mit der Anwerbung von Arbeitskräften im Interesse des Kapitals gehandelt, um eine als einheitlich vorausgesetzte Arbeiterklasse nach rassistischen Kriterien zu spalten. Die kritischen Konzeptionen des Marxismus legen jedoch mit ihrer Betonung auf der Dynamik der Klassenkämpfe nahe, dass eine solche Einheit der Arbeiterklasse nie per se besteht. Den »Rassismus als Instrument« verstehen, heißt demnach, ihn als eine Art Universalschlüssel zu denken, der selbst inhaltsleer ist, denn er kann gleichsam sämtliche gesellschaftlichen Konflikte überdecken. Der Rassismus wäre ein Krieg der Gespenster.

Zwar erfordert die innere Homogenisierung des Nationalstaats, dass die Konstruktion von Volk und Nation über die sozialen Ungleichheiten, Spaltungen und Differenzen hinweggeht. Das Problem eines vorwiegend instrumentell gedachten Herrschaftsverständnisses ist aber, dass es von den Effekten her gedacht wird, die somit evident erscheinen. Kollektive Prozesse bzw. gesellschaftliche Antagonismen bleiben so für eine Analyse oder ein Verständnis unzugänglich. Das hat immer wieder zu einer selbstentmächtigenden Sicht beigetragen.

Es impliziert mit gewisser Konsequenz auch, dass die Bekämpfung des Rassismus sich vor allem auf dem Terrain und mit den Argumenten der Aufklärung bewegen muss. Aufklärung heißt in diesem Zusammenhang: Den Menschen die Augen öffnen, sie mit den Tatsachen konfrontieren, ihnen die »wirklichen Probleme« aufzeigen. Der Rassismus müsste dann, so die wohlgemeinte Überlegung, in sich zusammenstürzen, denn er beruht auf nichts als auf Vorurteilen bzw. falschen Informationen.

Auf der anderen Seite gibt es ein Verständnis des Rassismus als eines autonomen Systems oder Subjekts, das unabhängig von gesellschaftlichen Kräften und Konstellationen ist. Der Rassismus ist kein Instrument, sondern bemächtigt sich auf beinahe unheimliche Weise selbst der Subjekte. Den Rassismus als Subjekt denken heißt, alle rassistischen Praktiken und Ideologeme auf einen gleichsam »metaphysischen« oder transzendentalen Rassismus rückbeziehen, der diese – dem absoluten Geist ähnlich – hervorbrachte. Demzufolge sind dann das Apartheidregime Südafrikas, der Rassismus gegen Afroamerikaner und das System des Multikulturalismus in der alten Bundesrepublik zwar nicht gleich, »beruhen« aber auf dem gleichen formalen Verständnis von Rassismus.[11] Rassistische Ideologeme und Praktiken präexistieren in diesem Verständnis vor den Subjekten, die gleichsam in sie geworfen sind.

In beiden Konzeptionen fällt auf, dass der Widerstand gegen den Rassismus keine Rolle für dessen Bestimmung spielt.

In Poulantzas' Konzeption des Staates ist dieser immer durch den Klassenkampf strukturiert, und die Kräfteverhältnisse im Klassenkampf markieren die Art und Weise sowie den Umfang, in dem die Arbeiterklasse »im Staat anwesend« ist.[12] Auf den Rassismus bezogen hieße die Frage daher: Wie sind die antirassistischen Praktiken im Rassismus (als einem Verhältnis der Unterwerfung und der Herrschaftssicherung) anwesend?

Operaismus

Um uns dieser Frage zu nähern, machen wir einen zweiten Annäherungsversuch bei den Überlegungen der italienischen Operaisten.

In den 60er Jahren entstehen am Rande der beiden Parteien der Arbeiterbewegung in Italien, der PSI und der PCI, intellektuelle Gruppen, die fordern, ihre Organisationen müssten sich mit den Phänomenen der fordistischen Massenarbeiter beschäftigen. Das Leben und die Praxis dieser modernen, der tayloristischen Arbeitsorganisation unterworfenen Arbeiter müsse untersucht werden, um zu einer adäquaten Einschätzung des Klassenkampfes zu kommen. Es entsteht die »Arbeiteruntersuchung«, ein zentrales Instrument des Operaismus. Gegen die Verkürzung des Marxismus auf eine

---

[11] Eine solche Sichtweise reflektiert sich beispielsweise in den bizarren Versuchen, zu bestimmen, welches Unterwerfungsverhältnis »rassistischer« sei.

[12] »Anwesenheit« aber nur in widersprüchlicher Form: »... die Widersprüche zwischen dem Block an der Macht und den Volksmassen *drücken sich auch im Innern des Staates, in seiner Zentralität und seinen Spitzen aus.* Diese Widersprüche durchziehen zwangsläufig den Fokus des Staates, den obersten Dienstherren der Exekutive: Es gibt nicht *einen* Präsidenten, sondern *mehrere Präsidenten in einem.«* (N. Poulantzas, *Staatstheorie,* S. 210.)

ökonomische Wissenschaft gelte es, so das Konzept, die Autonomie des Handelns der Arbeiterklasse hervorzuheben. Das Proletariat sei bisher auf drei Weisen untersucht worden: ökonomisch, historisch und ideologisch. Nun müsse eine Untersuchung aus dem Inneren heraus vorgenommen werden.

Der Operaismus ging von den Kämpfen der Arbeiterklasse aus. Die Operaisten behaupteten, dass es gerade die Aktionen der Arbeiter seien, die den Kapitalismus auch ökonomisch in die Krise treiben würde.

Dieser Kampf ist im Operaismus selbst ein System der Aktion/Reaktion.[13] Oder, wie der Regulationstheoretiker Alain Lipietz kritisch anmerkt, ein Titanenkampf, ein Fußballspiel.[14] Auch in *Empire* von Toni Negri und Michael Hardt[15] wird diese These vertreten: Der eigentliche Motor der Geschichte ist der Kampf der subalternen Klasse, vom taylorisierten Massenarbeiter bis zum immateriellen Arbeiter der Kommunikation heute.

Der Vorteil dieses Ansatzes war und ist, den Widerstand der Subalternen überhaupt systematisch als Teil der kapitalistischen Entwicklungsdynamik zu begreifen und nicht bloß als abhängige Variable einer angeblichen »Logik des Kapitals«. Das Kapital ist demnach nichts anderes als das Verhältnis zweier Klassen zueinander. Ein Verhältnis, das ausschließlich als Kampf

---

[13] Der Fordismus entsteht demnach, als das Kapital auf die europäischen Revolutionen reagiert, indem es, um die Arbeiterklasse zu desorganisieren, den industriellen Facharbeiter durch den Massenarbeiter ersetzt. Das führt zur Vermassung der Produktion und damit zur Überproduktionskrise, der keynesianische Staat greift ein und setzt die Ausweitung des Massenkonsums durch. Einerseits wird dem Kapital also etwas abgepresst, andererseits ergibt sich daraus die Planungsfunktion des Staates. Aber die jetzt sinkende Profitrate muss durch eine erhöhte Ausbeutung kompensiert werden. Der Kampf der Arbeiter gegen den Planstaat verschiebt sich daher auf die Löhne. Der Staat muss die Löhne im Rahmen der Akkumulationsschemata halten (profit-squeeze) oder der »Reformismus tritt über die Ufer«, d.h. mit ihren Lohnforderungen sprengt die Arbeiterklasse den kapitalistischen Staat. In den 60er und 70er Jahren findet genau das statt: Der Kampf weitet sich aus, auf allen Ebenen finden Kämpfe um den politischen Lohn statt, der Fabrikkampf greift auf die Gesellschaft über. Die Reaktion darauf ist der »Historische Kompromiss«: Weiterführung des Keynesianismus, worauf die Bewegung von 1977 entsteht.

[14] Vgl. Alain Lipietz, *Nach dem Ende des »Goldenen Zeitalters«.* Regulation und Transformation kapitalistischer Gesellschaften. Ausgewählte Schriften, hrsg. von Hans-Peter Krebs, Berlin u. Hamburg: Argument Verlag, 1998 (Argument-Sonderband, Neue Folge, Bd. 255), S. 42.

[15] Antonio Negri/Michael Hardt, *Empire.* Die neue Weltordnung, Frankfurt/M. u. New York: Campus Verlag, 2002.

bestimmt werden kann. Problematisch aber war nicht nur, dass die Operaisten keine Antwort auf die Frage hatten, wieso stets große Teile der Subalternen eben *nicht* rebellierten.

Bezogen auf die gegenwärtige Situation bzw. die Art und Weise, wie die Auseinandersetzungen um Rassismus in Deutschland in den 90er Jahren Konjunkturen produziert haben, manifestiert sich der Angriff auf die Migrantinnen und Migranten in mindestens zwei Komplexen: Durch die Illegalisierung eines Teils der MigrantInnen auf der einen und den Imperativ der Integration für den anderen Teil auf der anderen Seite. Die Überlegung, nach der die Autonomie der Migration bzw. ihr Verlauf und ihre Geschichte eingeschrieben ist in die gegenwärtige Konstellation, bedeutet nicht nur, dass wir aus der »Geschichte« und den Erfahrungen »der vor uns« lernen müssen. Mehr als das: Die Kämpfe sind auch dort »anwesend« (um mit Poulantzas zu sprechen), wo sie Niederlagen erfahren haben: in den Ausländergesetzen und auch in den Alltagspraktiken.

Autonomie der Migration bedeutet dabei, »dass die Auswanderung auch ein autonomer Fakt ist. *Das heißt, es gibt eine Autonomie der Auswanderung gegenüber der Politik der Staaten,* und das gilt sowohl für die Emigration wie für die Immigration. Es handelt sich dabei nämlich um einen Fakt, der in der Gesellschaft ohnehin existiert, und erst im Nachhinein findet dieses Phänomen in der Regierungs- und Staatenpolitik entsprechende Beachtung.«[16] Die Feststellung der Autonomie der Migration gegenüber der Politik der Staaten hatte in den Auseinandersetzungen des Antirassismus in den 90er Jahren einen bedeutenden Stellenwert. Mit ihr konnte nicht nur die Behauptung entkräftet werden, Deutschland sei kein Einwanderungsland, sondern darüber hinaus hielt sie den Abschottungs- und Regulierungsbestrebungen der bundesdeutschen Regierung ein nicht rein defensives Argument entgegen. So sagt Yann Moulier-Boutang in einem Interview von 1992: »Das ist anscheinend schwierig zu kapieren, aber trotzdem wichtig; auch wenn sich Myriaden von Experten und Beamten in den Behörden und staatlichen und internationalen Einrichtungen mit der Emigration beschäftigen, haben sie keine Ahnung von dieser Selbständigkeit, dieser Autonomie der Migrationsflüsse. Sie haben vielmehr die Vorstellung, dass alle miteinander

[16] »Interview mit Yann Moulier-Boutang« (aus dem Italienischen übersetzt), in: *Strategien der Unterwerfung, Strategien der Befreiung.* Thesen zur Rassismusdebatte, Verlag der Buchläden Schwarze Risse, Berlin, und Rote Straße, Göttingen, 1993, (Materialien für einen neuen Antiimperialismus, Nr. 5), S. 38.

verbundenen Faktoren und Phänomene auf die Wirtschaftspolitik zurückzuführen und daher nur Gegenstand der verwaltungsmäßigen Regulierung wären. Natürlich wird bei diesem Denkansatz die Objektivität der Politik und speziell der Wirtschaftspolitik grotesk überschätzt, es wird völlig vergessen, dass es eine Eigendynamik der Auswanderung gibt. Man kann zwar der Emigration mit repressiven Mitteln begegnen, die Rückkehr der Immigranten ›fördern‹, aber man kann nicht die Flüsse nach Programmierung und Dafürhalten öffnen und sperren. (...) Klar kann man den Leuten Anreize geben, damit sie weggehen, aber man kann das nicht so hinkriegen, dass jemand, der nicht weg will, doch geht, oder dass jemand bleibt, der unbedingt weg will. Es gibt also gewichtige Einschränkungen bei dieser Art von Regulierungsmaßnahmen. (...) Es hat sich eine Art riesige Schere aufgetan, eine Art Nichtzusammenhang zwischen den angestrebten Zielen der Prämienpolitik und der Regulierungsmaßnahmen des Staates auf der einen Seite und den autonomen, sozialen Verhaltensweisen der Migrationsbewegungen und der Rückkehr auf der anderen Seite.«[17]

Was bedeutet Autonomie der Migration für den Komplex Illegalität?

Ein Beispiel dafür, was man historisch unter Autonomie der Migration verstehen kann, ist die Einwanderung in die Bundesrepublik nach dem Anwerbestopp von 1973. Hier wurde die gesetzliche Möglichkeit der Familienzusammenführung genutzt, wobei der Topos Familie von Seiten der Migrantinnen und Migranten eine eigenwillige Auslegung erhielt – zumindest war nicht die deutsche fordistische Kleinfamilie das Muster. Ähnliches war im Umgang mit dem Asylrecht zu beobachten.

Anders gesagt, innerhalb der gesetzlichen Möglichkeiten entwickelten sich autonome Praktiken, um die Migration zu organisieren. Die Autonomie der Migration zeigt sich vor allem in der absolut chaotischen und dezentralen Art, in der billige Arbeitskräfte ethnisiert wurden und zugleich diese Arbeitskräfte die sich ihnen bietenden Möglichkeiten zur Einreise nutzten. Dieser Prozess war nicht vorhersehbar und auch nicht kontrollierbar. Die Kontrollpolitiken haben zunächst nicht gegriffen; die Familienzu-

[17] »Interview mit Yann Moulier-Boutang«, S. 38/39.

sammenführung und das Asylrecht waren historisch bis zu einem bestimmten Punkt nicht angreifbar.

Das zweite Moment ist, dass die Präsenz die Formen verändert hat, unter denen der Überlebenskampf von Migrantinnen und Migranten stattfindet, zum Beispiel die Art, wie ethnisierte Communities entstanden.

Ein bemerkenswerter Strang in der neuen Initiative zur Einwanderungsgesetzgebung der rot-grünen Regierung geht im Grunde darum, die in der Vergangenheit chaotisch abgelaufene Migration jetzt zu reglementieren. Doch jede neue Regel, jede neue juristische Kodifizierung kann auch neue autonome Taktiken der individuellen und kollektiven Nutzung hervorrufen. Diese Taktiken bleiben unvorhersehbar. Sie sind nicht strategisch planbar, obwohl in letzter Instanz von der Dominanz des Migrationsregimes der Herrschenden auszugehen ist.

Vor diesem Hintergrund ist die Existenz von schätzungsweise mehr als einer Million Illegalisierten in Deutschland (und ca. 5 Millionen in Europa) Resultat eines Prozesses, den man in Begriffen eines Kampfes fassen könnte. Das vorläufige Ergebnis ist ein Doppeltes: Die Illegalität ist natürlich Ausdruck der relativen Dominanz der ausländerrechtlichen Bestimmungen; unter den Bedingungen der Rechtlosigkeit müssen Illegale in den meisten Fällen zu Dumpinglöhnen arbeiten, genießen keine Kranken- und Sozialversicherung und können auch andere Interessen nicht rechtlich durchsetzen, die von den nationalen Arbeiterbewegungen in einem historischen Kompromiss errungen worden waren; ihre Bewegungsmöglichkeiten im Alltag sind eingeschränkt. Gleichzeitig darf jedoch ihre Existenz nicht unterschlagen werden. Sie organisieren ihren Alltag, bilden Netzwerke der Unterstützung, schaffen Communities und leisten Widerstand – nicht allein dadurch, dass sie sich dem Zugriff der Ausländerbehörden entziehen. Hier und da sind bereits Kämpfe auf diesem Terrain aufgeflammt.[18]

---

[18] Das gilt auch für andere Aktionen, wie etwa die Legalisierungskampagne: Auch da sollte man noch einmal recherchieren, wie es etwa zu der großen Demo am 1. Juli 1972 in Frankfurt unter dem Motto »Wir sind keine Sklaven!« gekommen ist; ob es etwaige andere Aktionen gegeben hat. Hintergrund dieser Demo: Türkische Arbeiter (organisiert vom Türkischen Volkshaus – existiert bis heute! – und sechs deutsche Organisationen) wurden von den Musterungsbüros in der Türkei nur genommen, wenn sie jung und fit waren. Die anderen, die versucht haben, der politischen und ökonomischen Situation in der Türkei auszuweichen, gelangten häufig mit Hilfe von teuer bezahlten Schleppern nach Deutschland. Aber nicht nur Schlepper hatten ihre Finger im Spiel, auch deutsche Firmen, so etwa eine Baufirma in Hessen,

Unseres Erachtens muss ein Antirassismus, will er nicht abstrakt sein, an diese virulenten Kämpfe anknüpfen. Die Illegalisierung stellt aus der Perspektive eines Rassismusbegriffs als sozialem Verhältnis, wie wir ihn hier nur angedeutet haben, auch die geronnene Geschichte der Kämpfe dar. Weil sich im Status der illegalen Migrantinnen und Migranten vielfältige Verhältnisse und Kampffelder kristallisieren – Arbeit, Aufenthaltsstatus, Mobilität bspw. – und die Handlungen der Migrantinnen und Migranten gerade auf diesem Feld eines der Zentren staatlicher Herrschaft berühren, nämlich die Kontrolle über Territorium und Bevölkerung, steht der Kampf um die Legalisierung heute auf der Tagesordnung. (Negri und Hardt sprechen in Anlehnung an jene Formulierung aus dem Kommunistischen Manifest gar von der weltweiten Migration als dem neuen Gespenst, gegen das die herrschende Ordnung überall mobil mache.)

Die Frage der illegalen Einwanderung erscheint uns deshalb derart zentral, da sie verschränkt ist mit dem historischen Klassen-Kompromiss in den westlichen Industrienationen. Dieser korporatistische Deal, die Arbeitskraft nicht gänzlich den Mechanismen des Marktes zu unterwerfen und dafür auf der anderen Seite Disziplin und Kontrolle der Arbeitskraft zu erhalten, beruhte aber zunehmend auch auf der Tatsache, dass es eine rassistische Segmentierung der Arbeitskraft gegeben hat. In dieser Entwicklung hat der »korporatistische Aspekt« dieses Kompromisses immer mehr Gewicht erlangt. Yann Moulier-Boutang beschreibt die Entwicklung wie folgt: »Zu dem Zeitpunkt, in dem die entqualifiziertesten und prekärsten Tätigkeiten, die ›schmutzigsten‹ und gesundheitsschädlichsten Arbeiten, die die Arbeiterklasse gesellschaftlich nicht mehr akzeptiert hat, einer anderen Kategorie von Arbeitskraft zugeordnet wurden, die sich nicht direkt in Konkurrenz mit jener Arbeiterklasse befand, denn deren juristischer Status hinderte sie am Aufstieg zu den ›höheren‹ und ›qualifizierten‹ Tätigkeiten der

die 52 türkischen Arbeitern (und Arbeiterinnen?) Arbeits- und Aufenthaltsgenehmigungen verkauft und sie um Kinder- und Schlechtwettergeld geprellt hatte. Als die etwa 8000 bis 10000 illegalisierten Arbeiter im Frühjahr ausgewiesen werden sollten, konnten Baufirmen eine Duldung (Kündigung = Ausweisung) bis in den Herbst durchsetzen. Zusätzlich wurde auch darüber Mehrarbeit (keine Pausen) von den Arbeitern erpresst. Forderungen der Demo: Legalisierung der Geduldeten, Bestrafung der »Menschenhändler« und Unternehmer. Die Demo fand eine Solidarisierung bei Arbeiterwohlfahrt, kirchlichen Organisationen, liberalen Zeitungen. Die Ausweisung wurde letztlich aber auf Kosten der Arbeiter angeordnet. (Vgl. *Arbeiterkampf,* Jg. 2, Nr. 2, August/September 1972, S. 20.)

Werksarbeit – zu dem Zeitpunkt also konnte so der ›nationalen‹, autochthonen Arbeiterklasse garantiert werden, dass mit der Rigidität des Einheitslohns eine weitere Rigidität aufgebaut wurde: die Abschottung der Arbeit der ›nationalen‹ Arbeiterklasse gegenüber den niedrigen Arbeiten. Praktisch hieß das für den nationalen Durchschnittsarbeiter, dass er von dem Abstieg auf die unterste der sozialen Leiter der sozialen Arbeiterhierarchie bewahrt wurde.«[19]

Das Entscheidende ist, dass die Immigranten sich gegen diesen Status wehren, denn sobald sie hier sind, merken sie, dass sie sich viel teurer verkaufen könnten, könnten sie sich frei auf dem Arbeitsmarkt bewegen, woran sie die ausländergesetzlichen Bestimmungen hindern. (Dabei ist genau das das Motiv des Arbeitsmigranten: Er will seine Arbeitskraft teurer verkaufen!) Der migrantische Arbeiter, ähnlich wie der Sklave, versucht zu fliehen, aber sein Aufstieg würde den historischen Kompromiss »brutal in die Krise stürzen« (um einen Vergleich und eine Formulierung von Moulier-Boutang zu verwenden[20]). Natürlich ist der Unterschied zur Sklaverei der, dass in modernen Demokratien eine gewisse soziale Mobilität möglich ist. Die irgendwann möglicherweise eingebürgerten Migrantinnen und Migranten machen den neuen Illegalen Platz. Eine Segmentierung, die permanent ist, aber nie immer die Gleichen betrifft.

Der Kampf gegen die Illegalisierung ist daher auch ein Kampf gegen die Segmentierung und Spaltung des Arbeitsmarktes. Der Angriff auf sie ist auch einer auf den historischen Kompromiss des Wohlfahrtsstaates, der Grundlage für die soziale Kohäsion des Volks-als-Nation ist. Erst der Kompromiss nämlich verleiht dem Ausschluss seine materielle Gewalt, da er ihn rassistisch überdeterminiert.

Es ist dies ein Angriff, der daher mehr als die Forderung nach uneingeschränkter Mobilität sein und ebenso die Ersetzung und Transformation der Formen beinhalten muss, in denen sich der Kompromiss auf der Ebene der sozialen Sicherung artikuliert. An die Stelle der erwerbszentrierten sozialstaatlichen Institutionen muss also eine Art staatsbürgerschafts-unabhängiges Existenzgeld treten!

Die Frage »Welcher Antirassismus?« bedarf jedoch noch einer Präzisierung: Zum einen muss bei der Beantwortung sicher das konjunkturelle Kräfteverhältnis eine Rolle spielen, aber nicht in dem Sinne, dass nach den

---

[19] »Interview mit Yann Moulier-Boutang«, S. 42/43.

[20] »Interview«, S. 44.

schlimmsten und moralisch empörungswürdigsten rassistischen Praktiken Ausschau gehalten wird, um diese zum Angelpunkt des Antirassismus zu machen. Es geht vielmehr darum, diejenigen Konstellationen in den Blick zu bekommen, die eine inhärente Dynamik enthalten, aus der der Widerstand der Migrantinnen und Migranten selbst entwicklungsfähig erscheint.

Migrantinnen und Migranten sind dabei nicht als privilegierte Subjekte des antirassistischen Kampfes zu verstehen. Es geht um eine Konzentration auf die Dynamik der Kämpfe selbst. In Konsequenz bedeutet das, den Antirassismus komplett anders zu denken.

Das heißt, ihn nicht wie üblich als Reaktion auf die staatliche Repression zu begreifen, die automatisch Migrantinnen und Migranten als zu beschützende Opfer behandelt und /oder den »rassistischen« Staat als ein fügsames Instrument des Kapitals oder als rationales Subjekt zur Etablierung rassistischer Herrschaft wahrnimmt (und dementsprechend behandelt). Wenn, wie wir bisher andeuteten, der »staatliche Rassismus« als ein materieller Kristallisationspunkt von Beziehungen zwischen gesellschaftlich koexistierenden Gruppen und Gruppenfraktionen begriffen werden muss, müssen innerhalb dieser Kräftegleichgewichte Momente und Ereignisse geschaffen werden, die die migrantischen Realitäten nicht länger ignorieren können.

Integration

Ein weiteres Beispiel für die Reorganisation des Rassismus ist sicherlich der Ende der 70er Jahre entwickelte Integrationsimperativ, der die kontrollpolitischen Maßnahmen der Regierung begrifflich auf den Punkt bringt. Er bildet das realpolitische Pendant zur theoretischen Diskussion um Exklusion (Ausgrenzung). Dieser Ansatz verschränkt durch eine spezifische etatistische Sicht den Blick auf die Konvergenzen von Klassenkampf und Antirassismus. Diese These entwickelt Etienne Balibar in seinem Aufsatz »Ausschließung oder Klassenkampf?«. Die Ausschließung ist ein negatives Konzept, durch das die so bezeichneten Menschen als ohne jede positive Bestimmung, ohne Fähigkeiten und ohne eigene Gedanken erscheinen und ohne imstande zu sein, Initiativen zu ergreifen. In allen Bedeutungen des Begriffs werden damit die »Ausgeschlossenen« aus der Gesellschaft ausgeschlossen. Balibar: »Falls man nicht sogar eben dies fürchtet, dass ihre Gedanken und ihre Initiativen nicht brav auf den ausgetreten Pfaden jener Veranstaltung bleiben würden, die man als *Dialog* bezeichnet (noch einmal, ich ziehe den Dialog dem Schlagstock vor), sondern in schlecht erzogener und allzu auffälliger Manier erneute Umverteilungen der Macht fordern würden. Kurzum, man befürchtet, dass *die Ausgeschlossenen sich mit einschließen*, wie dies einmal Henri Lefebvre in einem ganz anderen Kontext gesagt hat, und dass sie bei diesem Akt der Selbsteinschließung zugleich auch noch die Spielregeln verändern würden. Man befürchtet, sie würden schließlich von sich aus existieren und nicht nur als das von der Sozialhilfe, der Sozialverwaltung und der Sozialpolitik geprägte Bild.«[21] Balibar legt nahe, dass sich zur Zeit alles von zwei großen Ausschließungsmodi umrahmt begreifen lässt: die Arbeitslosigkeit und die Ausschließung vom Staatsbürgertum. Diese sind nicht identisch, aber inzwischen eng verzahnt: »Denkt man einmal darüber nach, wird man finden, dass es sich hier um eine zutiefst paradoxe Verkoppelung handelt: Auf der einen Seite steht der Ausschluss von der Arbeit, d.h. im Extremfall die Ausschließung von der Ausbeutung als solcher; auf der anderen Seite die *faktische* kollektive Nicht-Staatsbürgerschaft, d.h. die Ausschließung von der Staatsbürgerschaft.«[22]

Diese Ausschließungen reproduzieren sich in der Zeit, gelten mittlerweile als hinnehmbar, vielleicht sogar als funktional. Hier verbinden sich die Modi: die zweite Generation der Einwanderer und die zweite Generation der prekär Beschäftigten. Eine Formulierung, die sich ähnlich bei Moulier-Boutang findet: »Tatsächlich ist aber der Charakter der Kämpfe für Gleichheit in der Freiheit entscheidend. Dies gilt insbesondere in einer Zeit chronischer Arbeitslosigkeit (...). Das Recht auf Freizügigkeit, das Recht, ein Einkommen zu haben, das Recht auf ein Leben, im allgemeinsten Sinne des Wortes, sollte nicht an ein Herkunftsland und an den Besitz eines Arbeitsplatzes gebunden sein. Das ist die Perspektive derer, die versuchen, die Begrenztheit der Kämpfe um die durchaus berechtigte Verteidigung der Arbeitsplätze und um die Aufteilung der vorhandenen Lohnarbeit zu überschreiten. (...) bleibt als mögliche Strategie die allgemeine Unterhaltsleistung beziehungsweise [die allgemeine] Staatsbürgerschaft.«[23] Ausschließung kann das Konzept des Antagonismus nicht beschreiben und rückt so den Widerstand wieder in den Hintergrund. Aber man könnte schon wie

---

[21] *Die Grenzen der Demokratie,* S. 166.

[22] *Die Grenzen der Demokratie,* S. 167.

[23] Yann Moulier-Boutang, »Papiere für alle. Frankreich, die Europäische Union und die Migration«, in: *Die Beute.* Politik und Verbrechen, Berlin, Nr. 13, Frühjahr 1997, S. 54.

Balibar sagen, dass das Gespenst des Antagonismus in diesen Begriffen umhergeht.

Angewendet auf den Integrationsimperativ, wie er Ende der 70er Jahre von staatlichen Apparaten ausgearbeitet wurde und heute mehr denn je im Zentrum der Debatte steht, könnte man den Versuch so deuten, dass die Kämpfe und Forderungen der Migrantinnen und Migranten in den sozialen und ökonomischen Bereichen der 70er Jahre in einer etatistischen Form etabliert worden sind. Das heißt, die Kämpfe der Migrantinnen und Migranten sind in den staatlichen Rassismus eingegangen, aber unter der Bedingung von dessen Dominanz und damit letztlich als Niederlage. Sie werden also nicht selbst zu politischen Akteuren im Staat, sondern von diesem als eine Masse konzipiert, die zu disziplinieren und zu verwalten ist, der man aber die sozialen und politischen Grundrechte verweigert: eine Mischung aus Disziplinar- und Kontrollpolitik. Vielleicht können die langsame Entstehung des staatlichen Integrationsimperatives Ende der 70er Jahre und die langsame Entwicklung des Diskurses des Multikulturalismus als Versuch gedeutet werden, Geschichte und Erinnerung jener Arbeitergeneration zu zerstören, die eine Reihe von antirassistischen Forderungen und eine Kampferfahrung im Kontext der ökonomischen Kämpfe hervorgebracht hat. Die heutige Auseinandersetzung um Integration ist daher sowohl ein Kampf, der diese Geschichte ausgraben und die historischen Kämpfe ins Recht setzen müsste, sowie auch einer, der noch einmal dort anknüpfen müsste, wo die Niederlage der Generation vor uns markiert ist. Der Kampf gegen Integration ist ein Kampf um politische und soziale Rechte! Nicht um Privilegien! Da struggle continues!

Diskussion

Jakob Moneta: In einer ersten Phase wollte das Kapital aufgrund seiner eigenen Interessen die Einwanderung, und der Millionste »Gastarbeiter« bekam einen VW geschenkt. Integration leisteten vor allem die Gewerkschaften – gerade Einwanderer meldeten sich besonders eifrig als Streikposten. Die Zeitschrift der IG Metall (»Metall«) erschien in mehreren Sprachen. Viele eingewanderte KollegInnen besuchten gewerkschaftliche Bildungsveranstaltungen, viele wurden als Betriebsräte und Vertrauensleute gewählt. Probleme entstanden gleichwohl, etwa bei der Mitsprache in Sachen Zuteilung von Werkswohnungen, wo soziale Kriterien wie Kinderanzahl eine Rolle spielen, was zu Konkurrenzneid deutscher KollegInnen führte. In unserer marxistischen Tradition bringt man einen Anstieg des Rassismus mit der krisenhaften Entwicklung des Kapitalismus und ihren sozialen Folgen in Verbindung. Aber Dänemark zum Beispiel ist ein recht prosperierendes Land – und die Rechte hantiert mit rassistischen Thesen und gewinnt die Wahlen. Wie ist das zu erklären?

Serhat Karakayali: Natürlich ist es notwendig, für die Durchsetzung einheitlicher Tariflöhne zu kämpfen und damit gegen die Senkung der Lohnquote. Vergessen wir aber nicht die reale Umschichtung innerhalb der Arbeiterklasse, die in Zusammenhang mit der Einwanderung stattfand. Die ImmigrantInnen bekamen die schlechtesten Jobs.

Zur Bilanz des Ford-Streiks 1973 in Köln gehört auch die Spaltung der Belegschaft: Eine wichtige Forderung war die Senkung der Bandgeschwindigkeit. Was interessierte das die Deutschen, die ja in der Regel nicht am Band standen? Zu Dänemark: Gerade die wohlfahrtsstaatliche Realität könnte verantwortlich sein für eine intensivere Identifizierung mit dem Staat, für die Verstärkung eines Wohlstandschauvinismus, der desto lauter nach Homogenisierung schreit.

Jakob Moneta: Aber warum konnte man gerade zu diesem Zeitpunkt im Wahlkampf Rassismus zum Thema machen?

Serhat Karakayali: Die Spaltungslinien werden nicht einfach nur von oben geschaffen. Es gibt Verknüpfungspunkte zwischen den Herrschenden und dem relativ privilegierten Teil der abhängig Beschäftigten.

Jakob Moneta: Ich wollte darauf hinaus, dass rein ökonomische Gründe nicht ausreichen, diese Phänomene und ihre Veränderungen zu erklären.

Kathrin: Es ist sehr wichtig, gegen den Integrationsimperativ anzugehen.

Ein Teilnehmer (Mitglied der DKP): Ich denke, die Hauptursachen sind doch ökonomische.

Tobias Michel: Ich bin sehr einverstanden mit dem Hinweis, dass rassistische Spaltungslinien nicht einfach nur von oben geschaffen werden. Es würde mich aber doch auch interessieren, was ich nun davon hätte, zu einem »autonomen Immigranten« aufgewertet zu werden.

Serhat Karakayali: Im Rahmen des richtigen Konzepts »Rassismus ohne Rassen« ist es dennoch oft schwer abzugrenzen, worum es geht, da es ja auch einen Kampf innerhalb des Rahmens rassistischer Praktiken gibt. Die hauptsächliche Idee der Autonomie ist, sich gegen jene Theorien zu wehren, die immer nur Opfer äußerer Kräfte sehen. Dagegen gilt es den subjektiven Faktor zu stärken. Man muss gegen die Integrationsdiskussion angehen, weil diese nichts zu tun hat mit dem Kampf um Rechte, deren »Gewährung« eben nicht von Integrationskriterien abhängig gemacht werden darf. Die Integrationsforderung ist zirkulär und repressiv, es ist unmöglich, dem Anspruch gerecht zu werden, ein »integrierter Ausländer« zu sein.

Neville Alexander: Ich glaube, der letzte Grund für rassistische Spaltungslinien ist in der Tat in der Schichtung innerhalb der Arbeiterklasse angesiedelt. Für den sozialen Wandel, den wir wollen, ist es dagegen nötig, die Einheit der Klasse zu erreichen. Die soziale Schichtung stellt sich im geschichtlichen Prozess her; reaktionäre anti-egalitäre Ideologien sind Versuche, diese Ungleichheiten zu rechtfertigen. Der Kampf gegen die realen Ungleichheiten und der Kampf gegen den Rassismus sind daher untrennbar miteinander verbunden. Aufklärungsarbeit und Information sind daher die eine Aufgabe, der Kampf um egalitäre Forderungen die andere. Beide Ebenen, beide Kämpfe sollten konvergieren.

Serhat Karakayali: Der Diskurs zur Einheit übergeht, dass die Klasse real segmentiert ist. Es gibt keine objektiv vorhandene »Klasse an sich«. Das Kapitalverhältnis ist nur das Verhältnis zweier Klassen. Was die Aufklärung betrifft, so bin ich mir nicht so sicher. Hilft die Vermittlung von Information und Wissen wirklich? Experten sind oft Arschlöcher. Wichtig scheint mir die Verbindung mit der eigenen Subjektivität.

Gerhard Klas: Das verweist auf das in der marxistischen Tradition untersuchte Verhältnis der »Klasse an sich« zur »Klasse für sich«: Zunächst haben wir nüchtern konstatierbar Menschen, die gezwungen sind, ihre Arbeitskraft zu verkaufen, und zwar zu ungleichen Bedingungen. Wenn sie sich zusammentun, die Konkurrenz untereinander ein Stück weit zurückdrängen, indem sie sich organisieren, tun sie einen Schritt in Richtung der

»Klasse für sich«. Das Verhältnis von Rassismus und Klassenkampf ist gleichwohl ein diffiziles Problem. Nehmen wir die anstehende Osterweiterung der EU. Die Gewerkschaften, anstatt kollektive internationale Aktion zu organisieren, gestatten aus Angst vor dem Lohndumping die Herstellung eines Heers von EU-BürgerInnen »zweiter Klasse«, deren Recht auf Freizügigkeit lange Jahre lang erheblich eingeschränkt werden soll. Die offizielle Gewerkschaftslinie ist stark im Schlepptau der Konkurrenz- und Standortlogik.

Jürgen Hinzer: Armut vertreibt Menschen etwa aus Indien, wegen ihrer Lage nehmen sie Jobs an für wenig Geld. Dagegen muss man die Rekonstruktion des Internationalismus setzen. Was die schichtenspezifischen Probleme betrifft, so zeigt die Erfahrung unserer Kämpfe bei McDonald, wo es viele italienische, türkische, asiatische KollegInnen gibt, dass sie nur durch Organisierung und Aktion überhaupt angegangen werden können, nur dann ändert sich auch Bewusstsein. Am 13.12.2001 in Brüssel werden 100.000 erwartet. In Nizza waren am ersten Tag KollegInnen aus vielen Ländern vertreten, man sah ein Meer von roten Fahnen – natürlich haben die Medien darüber nicht berichtet, sondern nur von der Randale am Rande des Geschehens. Die Arbeiterbewegung hat in der neuen kapitalismuskritischen Bewegung die tragende Rolle zu spielen.

Jakob Moneta: Ich wollte vorhin natürlich provozieren mit meiner Frage – die aber nicht beantwortet worden ist. Es sind eben nicht nur die ökonomischen Realitäten und Interessen, die Bewusstsein bestimmen, sondern auch Atavismen – teils uralte Bewusstseinsschichten, die unverarbeitet latent vorhanden sind und daher wieder aktiviert werden können. Wie es in jener Anekdote zum Ausdruck kommt: Ein Russe (Pole?) schlägt einen Juden mit der Begründung, die Juden hätten unseren Herrn Jesus Christus umgebracht. Der Jude wendet ein: Aber das ist doch schon 2000 Jahre her! Der Russe (Pole?) antwortet: Vielleicht, aber ich habe es erst gestern erfahren.

Eine Teilnehmerin: Es geht doch nicht nur um die Dummheit in den Köpfen, es geht viel mehr um handfeste Interessen, die sich aus der Segmentierung des Arbeitsmarkts ergeben, und da stellt sich die Frage: Was tun?

Jürgen Hinzer: Der erste Schritt gegen die Konkurrenz ist die gewerkschaftliche Organisierung. Es ist gewerkschaftliche Pflicht, sich gerade um die

Interessen der am meisten Benachteiligten zu bemühen und das Prinzip durchzusetzen: Kein Mensch ist illegal! Was die Entwicklung des Bewusstseins betrifft, so war dieses durchschnittlich im Jahre 1963 doch immerhin rechter als heute.

Eine Teilnehmerin (Soziologin aus Göttingen): Den Zusammenhang von Konkurrenz und Rassismus gibt es sicherlich, doch ist die Sache nicht so einfach, wie hier teilweise dargestellt wurde. Es gibt dieses Problem, aber es ist nicht das einzige.

Neville Alexander (gebeten, eine Art Schlusswort zu halten): Die Diskussion über Kausalitäten ist immer kompliziert. Wichtig ist dabei, nicht die Problemstellung für Individuen (die mit ihrer je besonderen Biographie entstehen) und die gesellschaftlichen Faktoren miteinander zu verwechseln und beide Ebenen zu vermischen. Die Einheit der Klasse ist ein unverzichtbarer Hebel für den sozialen Wandel, da sonst kein Kräfteverhältnis hergestellt werden kann, das einen solchen Wandel bewirken könnte. Etwa, nur wenn die deutschen und die türkischen Teile der Klasse gemeinsam auf die Straße gehen, demonstrieren, streiken, kann es einmal einen wirklichen Aufstand gegen die herrschenden Verhältnisse geben. Es ist wichtig, sich analytisch der Komplexität der Ursachen für rassistische Denkmuster zu widmen. Zugleich ist es wichtig, strukturelle Ungleichheit zu bekämpfen. Beides dient der Veränderung des bestehenden Bewusstseins. Hierbei ist es wichtig, nicht abstrakt zu bleiben, denn jede Formation hat in jedem geschichtlichen Moment ihre Spezifizität. Wir sind hier über die Diskussion in Durban hinausgekommen – das ist ein positiver Schritt. Wir haben hier nuancierter als dort die Zusammenhänge erklärt. Wir haben keine Patentrezepte entwickelt, aber durchaus eine Herangehensweise an das Problem der Entschädigung der Opfer von Rassismus und Kolonialismus. Nicht »die Europäer« sind schuld, nicht alle Asiaten oder Afrikaner usw. sind die leidtragenden Opfer.

Abschlusserklärung des Symposiums

Auf Einladung der *Jakob-Moneta-Stiftung* sind wir – GewerkschafterInnen, Engagierte der Internationalen Kampagne für Entschuldung und Entschädigung im Südlichen Afrika und AktivistInnen antirassistischer Initiativen in Deutschland – zusammengekommen, um Perspektiven eines internationalen Antirassismus zu diskutieren.

Unser erstes Interesse bestand im Aufbrechen der eingeschliffenen Arbeitsteilungen in der antirassistischen Arbeit selbst. So gibt es zwischen GewerkschafterInnen, die sich täglich mit der rassistischen Segmentierung der Erwerbsarbeit auseinandersetzen, entwicklungspolitischen Nicht-Regierungs-Organisationen, die in der Schuldenproblematik die aktuelle Gestalt neo-kolonialer Ausbeutung der südlichen Länder erkennen, und MigrantInnen, die sich selbstorganisiert gegen rassistische Praktiken des deutschen Staates wehren, keinen regelmäßigen Kontakt und erst recht keine übergreifende Zusammenarbeit. Um diese Trennungen zu überwinden, wollten wir uns über die Rassismen austauschen, mit denen wir es in unserer Arbeit jeweils zu tun haben, und über die Widerstandsformen, die wir dabei erproben.

Zusammengekommen sind wir unter dem Eindruck der UN-Konferenz gegen Rassismus, die im August/September diesen Jahres in Durban/Südafrika stattfand, der Terroranschläge in den USA und des Krieges, den die USA und ihre Verbündeten gegen Afghanistan führen. Wir waren uns einig in der Ablehnung des Krieges. Für ihn gibt es ebenso wenig eine Rechtfertigung wie für den Terrorismus. Wir halten es für notwendig, weiter über die Zusammenhänge von weltweiter wirtschaftlicher, sozialer und politischer Ungerechtigkeit, von Gewalt und Rassismus in seinen unterschiedlichen Formen zu diskutieren, um gemeinsame Gegenstrategien zu entwickeln. Hier zeichnen sich folgende Problemkreise ab:

- Die Mächte der selbsternannten Anti-Terror-Allianz bombardieren eines der ärmsten Länder der Welt mit dem Anspruch, auf diesem Weg weltweit Frieden und Sicherheit herzustellen. Frieden und Sicherheit wird es aber nur geben, wenn sie für alle gelten. Ohne ein Ende neo-kolonialer Ausbeutung wird es kein Ende militärischer Auseinandersetzungen und auch keine Sicherheit vor Anschlägen der Art geben, denen am 11. 9. Tausende unschuldiger Menschen zum Opfer fielen. Das ökonomische und soziale Elend der südlichen Länder reicht lange in die Geschichte zurück, ihr Anspruch auf Entschädigung ebenfalls. Deshalb unterstützen wir die Forderungen nach Entschädigung und bedingungsloser Entschuldung der südlichen Länder. Sie wäre ein wichtiger Schritt zur notwendigen weltweiten Umverteilung des Reichtums und Einfluss. Zur Solidarität aufgefordert sind hier auch und besonders die Nicht-Regierungs-Organisationen, Gewerkschaften und sozialen Bewegungen des Nordens.

■ Der Krieg gegen Afghanistan wird innenpolitisch von einem rasanten Abbau demokratischer und sozialer Rechte begleitet. Die Repression trifft zuerst nicht-deutsche Menschen. So führt die Rasterfahndung zur vermehrten Verhaftung illegalisierter MigrantInnen, und die Abschaffung des Religionsprivilegs sowie der neue § 129b treffen zuallererst nicht-deutsche politische und kulturelle Organisationen. Der Repression offensiv zu begegnen heißt deshalb, gerade jetzt für die Legalisierung der in die Illegalität abgedrängten MigrantInnen einzutreten.

■ Die ökonomische Krise trifft alle, deren Überleben von Erwerbsarbeit abhängt. Doch sie trifft nicht jede und jeden in gleicher Weise. Der Widerstand gegen die rassistische Spaltungen der Erwerbsarbeit ist deshalb für die Schaffung eines breiten Widerstandes gegen die Krise von zentraler Bedeutung. *Hier wiederum sind nicht allein die Gewerkschaften, sondern auch antirassistische Initiativen gefordert.*

Die Forderungen nach Entschädigung und bedingungsloser Entschuldung der südlichen Länder, nach Legalisierung der in die Illegalität gezwungenen Menschen und nach Abbau rassistischer Spaltungen in der Erwerbsarbeit fallen nicht unmittelbar zusammen. Doch sie fordern einen breiten Dialog derjenigen, die sich für ihre Durchsetzung einsetzen. Das Bewusstsein dafür zu stärken, ist die Übereinkunft, mit der wir jetzt auseinandergehen, um wieder zusammenzukommen.

Frankfurt a.M., 25.November 2001

Die TeilnehmerInnen des Symposiums
»Welcher Widerstand gegen welchen Rassismus?«